Schirner Verlag

Der Autor

Paul Ferrini ist Autor zahlreicher Bücher, deren Ziel es ist, emotionale Defizite zu heilen und eine Spiritualität in den Alltag zu integrieren, die in den wahren Herausforderungen des täglichen Lebens verwurzelt ist. Sein Werk spricht direkt zum Herzen, da es aus eigener Erfahrung erwuchs. So erklärt sich die Kraft, die daraus auf den Leser übergeht und ihn befähigt, Angst und Scham zu überwinden, um seinen Mitmenschen anschließend als der, der er wirklich ist, gegenüberzustehen.

Das Buch

Im Augenblick der Seligkeit erkennen wir unsere spirituelle Vollkommenheit und die aller anderen Wesen. Vollkommenheit liegt nicht in der Vergangenheit oder in der Zukunft, sie ist immer gegenwärtig. Wir sind alle vollkommen und zwar genau in diesem Augenblick, ganz egal, was wir gerade denken oder fühlen, und unabhängig von allen unseren vermeintlichen Problemen oder ungeklärten Angelegenheiten. Wir sind liebenswert, so wie wir sind, dabei spielt es keine Rolle, wie viele Fehler wir glauben gemacht zu haben.

Paul Ferrini

Dem Glück auf der Spur

aus dem Amerikanischen von
Momo Edel

ISBN 3-930944-67-7

Titel im Original: The Ecstatic Moment

Erste Auflage 1999

Inhaltsverzeichnis

Für
Elisabeth Kübler-Ross
und Stephen Camp

Eins

Der Augenblick der Glückseligkeit

Im Augenblick der Glückseligkeit

...erkennst du deine eigene spirituelle Vollkommenheit ebenso wie die deiner Mitmenschen. Die Vollkommenheit hat weder etwas mit der Vergangenheit noch mit der Zukunft zu tun. Es geht immer nur um das Jetzt. Du bist jetzt vollkommen, ganz egal, was du glaubst oder fühlst, und das trotz all der Probleme, die du wahrnimmst, und all der unerledigten Dinge.

Du bist liebenswert, so wie du bist! Ganz gleich, wie viele Fehler du gemacht zu haben glaubst. Nichts, was du gedacht, gefühlt oder getan hast, kann dich daran hindern, deine eigene Vollkommenheit hier und jetzt zu erkennen.

Alles Leiden resultiert aus der Weigerung, dein Leben, so wie es jetzt ist, anzunehmen und willkommen zu heißen. All das ist das Ergebnis deiner Unsicherheit und deines Bedürfnisses, dich selbst, deine Beziehungen und die Welt um dich herum verändern zu wollen. Wenn du aufhörst, Fehler in deinem Leben zu suchen, und nicht mehr versuchst, sie zu beheben, kannst du dein Leben intensiver leben. Wenn du dein Leben intensiv lebst, ist es voller Energie, Zielstrebigkeit und Lauterkeit. Es fehlt nichts, nichts ist unzureichend, nichts ist entzwei. Es ist vollkommen, so wie es ist.

Im Augenblick der Glückseligkeit

...erkennst du, daß andere ebenso vollkommen sind wie du selbst. Die anderen sind vollkommen, unabhängig davon, wie sie sich dir gegenüber in der Vergangenheit verhalten haben oder welches Verhalten du dir in Zukunft von ihnen wünschst. Die anderen sind vollkommen, egal wie viele Probleme sie zu haben scheinen. Die anderen müssen weder erlöst, verbessert noch verändert werden. Sie haben ein Anrecht auf ihre eigenen Erfahrungen, egal ob es ihnen gefällt, ob es dir paßt, ob überhaupt irgend jemand es mag oder damit einverstanden ist.

Jeder Mensch ist vollständig und ganz, auch wenn er es selbst nicht glaubt oder andere ihn als unzureichend erleben. Wenn du einen Menschen durch die Augen des Geistes betrachtest, blickst du an seinen scheinbaren Schwächen vorbei und siehst seine innere Vollkommenheit. Selbst wenn er dich angreift, wirst du erkennen, daß er nur deine Liebe möchte und nicht weiß, wie er darum bitten soll.

Wenn du über andere urteilst, ist es hilfreich, dir darüber im Klaren zu sein, daß es sich um Werturteile handelt. Versuche nicht, diese zu rechtfertigen. Verdamme dich nicht dafür, daß du sie hast. Sei dir nur dessen bewußt, daß du, wenn du einen Menschen bewertest, nicht erkennen kannst, wer er ist.

Was du an anderen verurteilst, zeigt dir einen Teil deiner selbst, den du noch nicht akzeptiert hast. Wenn du lernst, diesen Teil von dir zu lieben und anzunehmen, brauchst du andere deswegen nicht mehr zu verurteilen.

Im Augenblick der Glückseligkeit

...erkennst du auch, daß du die Welt um dich herum annehmen kannst, so wie sie ist. Sie muß nicht verändert, umgeformt oder verbessert werden. Die Welt muß deinen Erwartungen nicht entsprechen.

Leiden entsteht, wenn du die Dinge anders haben willst, als sie sind. Die Dinge können niemals anders sein, als sie sind. Was sich verändern kann, ist die Bedeutung, die du den Dingen beimißt. Du kannst das, was dir widerfährt, nicht ändern, aber die Bedeutung, die es für dich hat, kannst du ändern.

Was dir an der Welt nicht gefällt, spiegelt wider, was du in dir selbst noch nicht angenommen hast. Wenn du lernst, dich selbst vollständiger zu lieben, werden die äußeren Umstände dich weniger stören.

Leiden entsteht auch dann, wenn du an bestimmte Lebensumstände oder Rollen, die du spielst, gebunden bist. Alle Rollen und Lebensumstände werden letztendlich zu einer Einschränkung. Wenn du dich weiter entwickeln willst, müssen sich diese Umstände ändern. Auch, wenn du nicht immer dazu bereit bist, wirkt eine Veränderung befreiend. Du wirst dadurch auf einer tieferen Ebene des Selbst angesprochen. Indem du deine äußeren Erkennungsmerkmale immer wieder ablegst, erschaffst du etwas, das von außen nicht definiert werden kann, etwas, das dich in deinem Inneren für immer und ewig begleitet.

Der Schlüssel heißt Wahrnehmung

Wenn du die Vollkommenheit aller Dinge, so wie sie sind, erkennst, wird alles, was geschieht, gut für dich sein. Die Welt wird niemals schön sein, es sei denn, du bist bereit, die Schönheit der Welt zu erkennen. Was du erlebst, hängt davon ab, wie du die Welt betrachtest. Wenn du sie kritisch betrachtest, erscheint das Leben verwickelt und leer. Wenn du die Welt mit offenem Herzen und Verstand betrachtest, erhält das Leben Würze und Bedeutung.

Alles, was du ohne Liebe und Verständnis betrachtest, spaltest du von dir ab. Du tust das, weil du dich fürchtest. Die Abspaltung scheint deine Angst einen Augenblick lang zu unterdrücken, aber im Grunde wird sie dadurch nur verstärkt, da deine Gefühle der Entfremdung und ein Opfer zu sein vertieft werden.

Wie alle Verteidigungsmechanismen, die aus der

Angst entstanden sind, ist Abspaltung nur eine Illusion. Sobald du noch einmal voller Liebe hinschaust, erblickst du eine andere Welt.

Dafür bist du verantwortlich

Du bist für deine Gedanken, Gefühle und Erfahrungen verantwortlich. Du bist nicht für die Gedanken, Gefühle und Erfahrungen anderer verantwortlich. Du trägst keine Verantwortung dafür, ob ein anderer glücklich oder traurig ist.

Du bist allerdings dafür verantwortlich, ob du selbst glücklich oder traurig, erfüllt oder unerfüllt bist. Deine Freude und dein Ärger fallen in deinen Verantwortungsbereich. Du kannst keinen anderen für das, was du fühlst oder denkst, verantwortlich machen. Ein solcher Versuch würde den Prozeß deines Erwachens nur verlangsamen.

Du bist hier, um dich selbst zu lieben und anzunehmen, um deine Erfahrungen anzunehmen und aus ihnen zu lernen. Du bist nicht hier, um für andere zu sorgen oder dich von anderen versorgen zu lassen.

Du bist hier, um wahrhaftig du selbst zu sein. Du bist nicht hier, um anderen zu gefallen oder die Anerkennung anderer zu gewinnen. Auch wenn du damit riskierst, die Anerkennung eines anderen Menschen zu verlieren, trägst du die Verantwortung dafür, anderen die Wahrheit deiner Erfahrungen mitzuteilen.

Du bist hier, um deine eigenen Entscheidungen zu treffen und aus deinen eigenen Fehlern zu lernen. Du bist nicht hier, um Entscheidungen für andere zu treffen oder dir deine Entscheidungen von anderen abnehmen zu lassen.

Du bist hier, um zu lernen, dich selbst zu lieben und zu versorgen, dich gut zu nähren, in Verbindung mit deinen Gefühlen zu stehen und dich auf kreative Art und Weise auszudrücken. Du bist hier, um dich selbst in jeder Hinsicht zu respektieren, um festzustellen, was sich gut für dich anfühlt und entsprechend zu handeln. Und um festzustellen, was sich nicht gut für dich anfühlt, von diesen Dingen Abstand zu nehmen und nicht zuzulassen, daß dir dergleichen zugefügt wird.

Du bist für das verantwortlich, was jetzt geschieht. Du bist für all das verantwortlich, worum du bittest, und für alle Dinge, in die du einwilligst. Du bist nicht das Opfer der Handlungen anderer.

Opfer müssen anderen gefallen, um deren Anerkennung zu gewinnen. Opfer sagen *ja* und meinen *nein*. Dann ärgern sie sich über den anderen, der sie „dazu gebracht" hat. In Wirklichkeit belügen sie sich selbst, weil sie zu den Dingen, die sie nicht machen wollen nicht *nein* sagen.

Es liegt in deiner Verantwortung, *ja* zu sagen, wenn du *ja* meinst, und *nein* zu sagen, wenn du *nein* meinst. Sag nicht *ja*, wenn du *nein* meinst. Wenn du das tust, trägst du für alles, was passiert, die Verantwortung.

Wenn du deine Meinung zu einer Vereinbarung

änderst, erzähle es dem anderen sofort. Sobald du weißt, was du willst, teile es den Beteiligten mit. Es ist kein Problem, einen Fehler zu machen, wenn du die Verantwortung dafür übernimmst und schnell handelst, um ihn zu korrigieren.

Versuche nicht, andere für die Entscheidungen, die du getroffen hast, verantwortlich zu machen. Das ist emotionale Feigheit. Übernimm die Verantwortung für deine Entscheidungen und für die Fehler, die du unweigerlich machst. Akzeptiere deine Verfehlungen und lerne daraus, damit du sie nicht wiederholst.

Wenn du einen Menschen ungerecht behandelt hast, sag ihm, daß dir bewußt ist, daß du ungerecht gehandelt hast und daß du gerade lernst, in größerer Aufrichtigkeit und mit mehr Mitgefühl zu handeln. Bitte um sein Verständnis und seine Vergebung. Nur wenige Menschen werden dir die Vergebung vorenthalten, wenn sie merken, daß du Reue für deine Verfehlungen empfindest und Schritte unternimmst, sie zu korrigieren. Verweigere im entgegengesetzten Fall auch anderen dein Verständnis und deine Vergebung nicht, wenn du darum gebeten wirst.

Das, was geschieht, ist vollkommen, das schließt auch alle Fehler ein, die du machst. Vollkommen zu sein heißt nicht, fehlerlos zu sein. Es ist in Ordnung zu versagen. Es ist in Ordnung, aus Fehlern zu lernen.

Was immer auch geschieht, ist vollkommen. Alles ist wichtig. Alles ist verzeihlich.

Dafür bist du nicht verantwortlich

Du bist nicht für die Gedanken, Gefühle und Erfahrungen anderer Leute zuständig, selbst wenn du Teil des Lebens dieser Leute bist. Die anderen sind für jeden Gedanken und jedes Gefühl, das sie haben, selbst verantwortlich. Wenn andere versuchen, dir die Schuld für das zu geben, was ihnen passiert, oder dich dafür verantwortlich machen, handeln sie nicht in gutem Glauben. Übernimm für die Gedanken, Gefühle und Erfahrungen anderer keine falsche Verantwortung. Es hilft weder den anderen noch dir.

Du bist dafür verantwortlich, das, was andere erleben, anzuerkennen und zu würdigen, trägst aber keine Verantwortung für deren Erlebnisse. Die Erfahrung gehört allein den anderen.

Um die Erfahrungen anderer anzuerkennen und würdigen zu können, mußt du davon absehen, sie zu bewerten, zu interpretieren, zu analysieren oder mit deinen eigenen Erfahrungen zu vergleichen. Du kannst offene Fragen stellen, die anderen dabei helfen, ihre Erfahrungen vollständig mitzuteilen, aber diese Fragen dürfen keinen eigenen Plan verfolgen. Die einzige Absicht dieser Fragen sollte sein, daß sie den anderen helfen, das mitzuteilen, was sie auszudrücken versuchen.

Du bist dafür verantwortlich, den Mitteilungen anderer intensiv und mit ungeteilter Aufmerksamkeit zuzuhören. Es geht nicht darum, dem, was sie sagen, zuzustimmen oder damit nicht übereinzustimmen. Deine Zustimmung oder Ablehnung ist im besten Falle unerheblich und im schlimmsten Falle aufdringlich.

Du bist hier, um einen sicheren, offenen, liebevollen Raum für dich und für andere zu schaffen. Das kannst du, indem du dein eigenes Leben lebst und dich aus dem Leben anderer Menschen heraushältst. Das gelingt dir, indem du die Verantwortung für deine Gedanken, Gefühle und Erfahrungen übernimmst und andere aufforderst, dasselbe zu tun. Das tust du, indem du würdigst, was gut für dich ist; indem du dir darüber klar bist und dich darauf einläßt; und indem du würdigst, was gut für andere ist; indem du sie ermutigst, sich darüber klar zu werden, was gut für sie ist, und sich darauf einzulassen.

Diese Grenzen verstehen sich von selbst. Dennoch ist es außerordentlich schwer, sich ständig daran zu halten. Die meisten Menschen haben Verhaltensmuster gegenseitiger Abhängigkeit, gegenseitiger Übergriffe und des Betrugs erlernt. Diese Konditionierung rückgängig zu machen, ist eine Herausforderung. Es bedarf ständiger Übung mit einem Partner und/oder einer Gruppe. Hingebungsvolles Training, diese Grenzen einzuhalten, führt zu einem ausgeglicheneren und friedlicheren Leben, in dem Mitgefühl eine größere Rolle spielt und das auch eine stärkere Verbindung mit anderen ermöglicht.

Kurz gesagt: Akzeptiere deine eigenen Erfahrungen und übernimm dafür die Verantwortung. Akzeptiere die Erfahrungen anderer, aber übernimm dafür keine Verantwortung. Triff keine Entscheidungen für andere und lasse andere keine Entscheidungen für dich treffen. Sei keine Autorität für andere und lasse andere keine Autorität für dich sein. Begreife, daß du selbst am besten weißt, was gut für dich ist, und andere am besten wissen, was gut für sie ist. Das gilt auch dann, wenn du und andere Fehler machen. Diese Fehler sind ein Teil der spirituellen Vollkommenheit des Lebens. Gestehe dir die Freiheit zu, Fehler zu machen und daraus zu lernen. Gewähre anderen dieselbe Freiheit.

Mache andere nicht für deine Gedanken, Gefühle oder Erfahrungen verantwortlich. Was du denkst, fühlst und erfährst gehört dir allein. Wenn du diese Verantwortung auf andere projizierst, sei dir dessen bewußt, und nimm die Verantwortung demütig zurück.

Gestatte anderen nicht, dich für ihre Gedanken, Gefühle und Erfahrungen verantwortlich zu machen. Was andere denken, fühlen und erfahren, gehört nur den anderen. Wenn andere die Verantwortung dafür auf dich projizieren, teile ihnen mitfühlend und ohne Schuldzuweisung mit, daß du diese Verantwortung nicht annehmen kannst, daß du aber deinen Gegenüber gerne dabei unterstützen wirst, die Verantwortung für die eigenen Erfahrungen selbst zu tragen. Um es einfach auszudrücken: Sei, wer du bist. Ermutige andere, sie selbst zu sein. Sei aufrichtig, trage deine Verantwortung und ruhe in deiner Kraft. Bestärke andere darin, aufrichtig zu sein und die Verantwortung für sich selbst zu übernehmen.

Führe nicht. Folge nicht. Gehe allein, wenn du mußt. Gehe mit anderen Hand in Hand, wenn andere dich begleiten wollen. Bleibe auf jeden Fall gleichberechtigt. Erkenne die innewohnende Gleichberechtigung aller Lebewesen. Auf diese Weise werden deine Talente zu einem Geschenk, das anderen hilft, und du wirst die Gaben anderer auf eine Weise erhalten, die dir hilft.

Das Füllhorn

Als Jesus die Menge speisen mußte, nahm er das, was gerade da war, und es stellte sich heraus, daß genügend Brot und Fisch für alle da war. Wenn du den gegenwärtigen Augenblick so akzeptierst, wie er ist, wird immer genug da sein. Die meisten deiner Lebenskrisen entstehen aus dem Glauben heraus, daß nicht genug für alle da sei. Wenn sich deine Frau in einen anderen verliebt, glaubst du, daß du die Liebe verlierst. Wenn dir jemand Geld entwendet, glaubst du, daß du nie wieder welches bekommen wirst.

Diese Gedanken, die sich auf Angst gründen, sind falsch. Du hast sie nur, weil du dich lieber selbst bemitleidest, anstatt deine eigene Macht zu erkennen. Du tust lieber so, als seist du das Opfer, anstatt die Verantwortung zu übernehmen.

Genauso leicht ist es, den Spieß umzudrehen.

Wenn du einen Menschen geliebt hast, weißt du, daß du zur Liebe fähig bist, daher weißt du hundertprozentig, daß du noch mehr Liebe in dein Leben bringen kannst. Wenn du Geld verdient hast, bist du dazu fähig, noch mehr zu verdienen.

Alles, was von dir kommt, kann dir nicht weggenommen werden. Deine Liebe nicht. Dein Geld nicht. Deine Zeit nicht. Dein Leben nicht.

Nur das, was von anderen kommt, kann gegeben und genommen werden. Aber deine eigenen Gaben können dir nicht genommen werden. Wenn du etwas gibst, erhöhst du das Vertrauen in deine Begabung und deine Fähigkeit zu geben.

Von den guten Dingen gibt es immer noch mehr. Wenn sich die Liebe gut für dich anfühlt, ist noch mehr davon da. Wenn sich Geld gut für dich anfühlt, wirst du weiteres Geld anziehen. Wenn sich das, womit du deine Zeit verbringst, gut anfühlt, wirst du noch mehr Zeit dafür bekommen.

Aber wenn du deine Liebe, dein Geld oder deine Zeit nicht genießt, wirst du weniger davon haben. Die Dinge, die du nicht genießt, gedeihen nicht. Wenn du ein Opfer bringst oder aus Schuldgefühl handelst, wird es problematisch und schwierig. Diese Dinge schrumpfen zusammen, wenn du dir wünschst, daß sie sich ausdehnen.

Wenn du vier Fische besitzt, an denen du keine Freude hast, wundere dich nicht, wenn nach fünf Minuten nur noch zwei Fische da sind. Wundere dich nicht, wenn du nach zehn Minuten herumläufst und fragst „Wo sind denn meine Fische geblieben?“ oder „Warum ich, Herr?“

Der Kosmos unterstützt dich nicht, wenn du ein Opfer bringst oder aus Schuldgefühl handelst. So einfach ist das.

Du kannst eine Million Affirmationen aufsagen, und es wird nichts daran ändern. Wenn du aus Opferbereitschaft oder Schuldgefühl handelst, wirst du keine Fülle erfahren. Wenn deine Arbeit mehr und die Verantwortung größer werden, vermehren sich auch die damit verbundenen Härten.

Viele Menschen wollen helfen, aber sie helfen sich dabei nicht selbst. Sie versorgen andere, aber sie sorgen nicht für sich selbst. Ist es da ein Wunder, daß sie ausgebrannt, müde und desillusioniert sind?

Wenn du durch das, was du tust, nichts bekommst, wie kannst du dann anderen geben? Wenn dich deine Arbeit nicht ernährt, wie sollst du dann deine Gaben einbringen? Wenn deine Beziehung dir nichts gibt, wie kannst du dann deinen Liebsten feiern? Wenn dich dein Lebensstil nicht erfüllt, wie kannst du dann Freude an deinem Leben haben?

Dein Glück ist nicht zweitrangig. Es steht an erster Stelle. Die Fülle fließt aus deinem Glück. Die Gaben Gottes fließen durch deine Liebe und die Anerkennung deiner selbst.

Eine Welt, die auf Opfern gebaut ist, ist keine

Welt des Glücks und der Fülle. Es ist eine Welt, in der es nie genug zu geben scheint und in der wir uns immerzu umsehen, ob nicht ein anderer mehr hat als wir.

Es ist eine Welt, in der Liebe und in gleichem Maße auch Reichtum knapp zu sein scheinen. Aber da Reichtum aus Liebe und Anerkennung heraus fließt, beginnt die Umwandlung des Mangels in unserem Leben stets in unserem Bewußtsein.

Die Frage „Liebe ich mich selbst, und kümmere ich mich um mein Leben?“ muß gestellt werden. „Gehe ich einer Arbeit nach, die mir gefällt, die es mir ermöglicht, meine Begabungen einzusetzen? Lebe ich in einer Beziehung die es mir ermöglicht, Liebe zu geben und zu empfangen? Sind wir gleichberechtigte Partner? Schätzen wir uns gegenseitig und treffen wir Entscheidungen gemeinsam?“ All diese Fragen müssen gestellt werden, wenn wir die Existenz von Mangel und Fülle verstehen wollen.

Wenn du ehrlich bist, wirst du feststellen, daß die Aspekte deines Lebens, die gedeihen, genau diejenigen sind, die dir am meisten Freude bereiten und denen du dich mit größter Energie und Hingabe widmest. Das, was dir keinen Spaß macht und dem du nicht deine volle Aufmerksamkeit und Hingabe widmest, gedeiht nicht.

Dadurch, daß wir ein paar Zaubersprüche flüstern, ändert sich nichts an der emotionalen Verstrickung, die wir hier sprengen wollen. Es bedarf einer inneren Revolution, in der Füße und Hände lernen, zuzuhören und sich nach dem Herzen auszurichten. Was wir „tun", muß mit dem übereinstimmen, was wir „sind". Das ist die Formel, nach der Liebe und Fülle in unserem Leben in Fluß kommen können.

In Wahrheit gibt es immer genug. Aber wir stellen die falschen Fragen. Wir fragen „Was muß getan werden, und wie kann ich es tun?", wo doch die wirkliche Frage ist „Wer bin ich, und wie kann ich meine Begabung einsetzen?“

Bevor ich weiß, wer ich bin und was meine Gaben sind, wird alles, was ich tue, aus Unsicherheit heraus geschehen. Ich konzentriere mich dann darauf, dir zu helfen, deine Gaben auszudrücken. Ich versuche, mein Leben durch deine Vision und deine Arbeit zu leben. Ich arbeite für dich anstatt für mich.

Aber wenn ich mich frage „Wer bin ich?“ und „Was ist meine Gabe, und wie kann ich sie ausdrükken?“ gelange ich an den Anfang, zum ersten Schritt auf meiner Reise zur Wahrhaftigkeit. In diesem erschütternden Augenblick erfahre ich die Taufe. Ich salbe mich und verleihe mir selbst die Macht über mein Leben. Ich erkenne meine Berufung an und verpflichte mich ihr.

Jeder muß diesen Schritt tun, sonst kann es keine Unterscheidung voneinander geben. Das Kind muß seine Nabelschnur durchtrennen. Es muß sich vor seinen Eltern verneigen und sein eigenes Leben leben. Es muß die Sicherheit des Elternhauses aufgeben und seine eigenen Flügel erproben.

Ein Kind, das im Haus seiner Eltern bleibt, wird niemals erwachsen. Ein Lehrling, der bei seinem Lehrherrn bleibt, nachdem er sein Handwerk erlernt hat, wird kein eigenständiger Handwerker. Ein Mensch, der zuläßt, daß er von den Erwartungen der Gesellschaft und den so wichtigen anderen in seinem Leben gelenkt wird, gestattet sich niemals herauszufinden, wer er ist, was seine Gabe ist, und wie er sie geben kann.

Wie kann er dann in das Füllhorn greifen, wie Jesus es getan hat, und alles herausziehen, was gebraucht wird, wenn er nicht weiß, wer er ist und was er geben kann? Natürlich kann er das nicht! Ein Mensch muß in sich gehen, den Gral aufspüren und durch die innere Dunkelheit tragen, wenn er seiner selbst mächtig aus der Höhle des Selbst herauskommen möchte.

Die Frage „Was muß getan werden?“ ist die falsche Frage. Wenn du sie stellst, wird sie stets von jemandem so beantwortet, daß dir keine eigene Macht zugestanden wird. „Oh, gut, daß du fragst. Der Boden muß gewischt werden, der Abwasch gemacht und der Müll nach draußen getragen werden ... und, ach ja, wenn du gerade Zeit hast ...“ Es gibt immer Arbeit, die getan werden muß, wenn ein anderer die Punkte auf der Tagesordnung festlegt.

Wie viele Menschen beantworten die Frage „Was muß getan werden?“ korrekt? Wie viele antworten mit „Es muß nichts getan werden.“ Wie viele antworten mit „Was möchtest du denn tun?“

Wenn du nicht lernst, dich selbst zu versorgen, wer soll es dann tun? Wenn du nicht deine Begabung erkennst und sie von ganzem Herzen gibst, wer wird dir seine Gabe schenken?

Wenn ein Mensch einen Fisch hat und ihn teilt und ein anderer hat etwas Brot, das er dazugibt, wird daraus ein Festmahl. Es gibt immer genug, wenn du deine Gabe gibst und andere ihre Gabe geben. Es gibt niemals genug, wenn keiner weiß, welches Geschenk er mitbringen soll.

Jeder Augenblick ist erfüllt, ganz und vollständig. In jedem Augenblick ist genug für dich selbst und alle anderen da. Aber frage nicht „Was muß getan werden?". Frage statt dessen „Welches Geschenk kann ich jetzt darbringen?"

Wenn du deine Gabe ohne Bedingungen angeboten hast, vermehrt sie sich. Aus einem Fisch werden zwei. Aus zwei Fischen werden vier. Mit deiner Gabe kannst du anderen helfen. Und diese können wiederum ihre Freunde versorgen. Auf diese Weise läßt sich eine Menge speisen.

Wenn wir an das Brot und den Fisch denken, denken wir oft, daß es sich um eine einmalige Angelegenheit gehandelt hat. Aber Jesus hat uns allen gezeigt, was wir selbst eines Tages erreichen könnten. Er hat uns zur Ernte einer Gemeinde befähigter Menschen eingeladen, wo die Gabe eines jeden wahrhaftig und ein wesentlicher Bestandteil des Mahls des Lebens ist.

Wenn ich nicht für mich bin

Wenn wir aus Freude handeln, richten wir andere durch unsere Taten auf. Durch das Geben unserer Gabe inspirieren wir andere. Dieser einfache, grundlegende Akt ist seinem Wesen nach großzügig.

Rabbi Hillel sagt: „Wenn ich nicht für mich bin, wer ist dann für mich? Aber wenn nur ich für mich bin, wer bin ich? Wenn nicht jetzt, wann dann?"

„Wenn ich nicht für mich bin, wer ist dann für mich?" Jemand, der seine Gabe nicht entdeckt und lernt, sie zu geben, fühlt sich ungeliebt und nicht unterstützt. Egal, wie viele Gelegenheiten zum Ausdruck seiner selbst sich ihm bieten mögen, er kann sie nicht ergreifen. Dadurch, daß er seine Gabe nicht kennt, erkennt er die Möglichkeiten nicht, die sich ihm bieten. Dadurch, daß er nicht weiß, wer er ist, können andere ihn auch nicht kennenlernen. Das Reservoir seiner möglichen Fähigkeiten wird nicht angezapft, er bleibt ein rätselhaftes Gesicht, das anderen signalisiert „Bitte schaut nicht her, ich bin nicht bereit, gesehen zu werden“.

Aber jemand, der sich selbst und seine Gabe kennt, läßt die Welt wissen, wer er ist. Er beteiligt sich. Er gibt freudig von sich. Menschen bemerken und schätzen ihn für sein Engagement und seine Ehrlichkeit. Er inspiriert andere. Seine Gabe ist nicht nur für ihn selbst. Und das ist erst der Anfang.

„Wenn ich nur für mich selbst bin, wer bin ich?“ Wenn ich nur zu meinem eigenen Besten handele, hilft meine Gabe niemandem. Menschen betrachten mich voller Neid. Du nimmst mir meinen Erfolg übel. Du fühlst dich in meiner Nähe nicht stark. Wenn ich für mich alleine handele, gewinne ich kaum Freunde. Ich erfahre die Dankbarkeit und Anerkennung der Menschen nicht, deren Leben ich berühre. Die Energie, die ich aussende, kommt nicht zu mir zurück. Ich werde müde. Ich fühle mich nicht gewürdigt. Ich bin mir nicht sicher, ob ich meine Gabe weiterhin geben möchte.

Es ist unmöglich, ganz alleine zu sein und meine Gabe zu geben. Wenn ich ganz alleine bin, wird der Kreislauf des Gebens und Nehmens unterbrochen. Die Energie, die ich aussende, kommt nicht zu mir zurück, so daß ich nicht genügend Energie habe, um weiterhin geben zu können.

„Wenn nicht jetzt, wann dann?“ Wenn ich meine Gabe nicht jetzt gebe, wann werde ich sie geben? Wenn ich meine Gabe nicht bedingungslos gebe, wann werde ich es tun? Wenn ich andere dadurch, daß ich meinen Bedürfnissen Ausdruck verleihe, nicht ermutige, wann werde ich damit beginnen? Rabbi Hillel erinnert uns daran, daß „nicht jetzt“ „niemals“ bedeutet. Denn jetzt ist die einzige Zeit, die es gibt.

Wenn du in diesem Augenblick nicht voller Freude du selbst sein kannst, wann schlägst du vor, es zu tun? Morgen? Oder nächste Woche?

Vielleicht hast du das Gefühl, noch einmal die Schulbank drücken und einen Abschluß erhalten zu müssen, bevor du dir die Erlaubnis gibst, hier und jetzt Freude zu empfinden. Oder vielleicht stellst du dir eine andere Bedingung, bevor du Freude zeigen kannst. Das ist natürlich deine Entscheidung. Aber es gibt keine Vorbedingungen, die erfüllt sein müßten, damit du in diesem Augenblick Freude zeigen kannst. Alle Bedingungen, die du siehst, hast du dir selbst ausgedacht.

Für das Ego gibt es Hunderte, wenn nicht gar Tausende Reifen, durch die wir springen müssen, bevor wir die Erlaubnis erhalten, Freude zu empfinden oder der Liebe würdig zu sein. Aber jeder einzelne dieser Reifen ist selbst gebastelt und überflüssig. Wir können sie alle wegwerfen und jetzt sofort Freude empfinden und der Liebe würdig sein.

Wenn ich nicht für mich bin, wie kann ein anderer für mich sein? Wenn ich mich nicht liebe, wie kann ich deine Liebe empfangen? Es geht nicht. Ich muß einen Weg finden, mich selbst zu lieben und anzunehmen, und dann kann ich von der Liebe und Unterstützung anderer profitieren.

Wenn ich mich selbst liebe und schöpferisch ausdrücke, kann ich meine Liebe und Selbstüberzeugung voller Begeisterung auf andere übertragen. Ich kann dich daran erinnern, daß du es mir nachtun kannst. Ich kann für dich zum Vorbild dessen, was möglich ist, werden. Das hat Jesus getan. Er wurde uns ein Vorbild. Er sagte uns, daß wir es ihm nachtun können.

Und dadurch wird meine eigene Kraft zu deiner eigenen Kraft und deine Kraft wird zur Kraft eines anderen. An einer einzigen Flamme können alle Lichter entzündet werden. Aber es brennt ja mehr als eine Flamme. Auf diesem Planeten brennen Hunderttausende von Lichtern. Der Weg ist hell erleuchtet für diejenigen, die ihn suchen.

Wenn du jetzt keine Freude empfindest, wann wirst du es tun? Frag dich selbst, „Wenn nicht jetzt, wann dann?“ Und werde dann zu der Freude, die du zu empfinden wünschst. Werde zu der Liebe, die du dir wünschst. Werde die Gabe.

Das ist der Weg der Freude.

In genau diesem Augenblick ist alles vorhanden. Alle Begabungen könncn cntdeckt und gegeben werden. Alles, was gebraucht wird, ist vorhanden.

Wenn wir den Eindruck haben, daß etwas fehlt, bedeutet das nur eines: Wir haben unsere Gabe noch nicht gegeben. Wie soll es den Himmel auf Erden geben, wenn wir unsere Liebe zurückhalten? Der Himmel existiert nur, wenn wir unsere ganze Liebe in diesem Augenblick geben.

Der Weg der Schönheit

Der Weg der Schönheit ist einfach und elegant. Alles geschieht zu seiner Zeit und an seinem Platz.

Der Fluß mag die Ufer überschwemmen oder zu einem Rinnsal verkümmern. Zeiten der Dürre oder des Hochwassers sind unvermeidlich. Aber früher oder später erreicht der Fluß das Meer. Das ist sicher. Ganz egal, wie weit wir von unserer eigentlichen Veranlagung abkommen, wir werden zu ihr zurückkehren. Es ist unsere Bestimmung, zu denjenigen zu werden, die wir bereits sind.

Die Augenblicke größter Glückseligkeit und tiefsten Friedens stellen sich ein, wenn wir uns selbst und andere so akzeptieren, wie wir sind. Durch dieses Verständnis zeigen wir unser Vertrauen in den Fluß. Wenn wir dem Fluß vertrauen, trägt er uns dorthin, wo wir hingehen müssen.

Der Fluß weiß besser als wir, was wir brauchen.

Wir sind zu kurzsichtig und zu überheblich, um zu wissen, was uns am besten bekommt. Und doch glauben wir, es zu wissen. Wir stellen uns vor, wie die Dinge sein sollten. Wir stellen Bedingungen an unser Glück.

Wenn wir das tun, nimmt der Fluß eine unerwartete Biegung. Und wir können so viel stöhnen und klagen, wie wir wollen, wir können daran nichts ändern. Wenn wir uns dem Fluß jetzt nicht hingeben, ergeben wir uns später.

Unsere Hingabe ist unvermeidlich. Wenn wir uns dem Fluß widersetzen und versuchen, stromaufwärts zu schwimmen, stellen wir fest, daß der Fluß größer und stärker ist als wir. Wenn wir dagegen ankämpfen, werden wir uns unnötig erschöpfen und verletzen.

Wenn wir eintauchen, unser Leben, so wie es ist, annehmen und zulassen, daß der Fluß uns stromabwärts trägt, kommen wir zur nächsten Stufe unseres Lebens. In Wirklichkeit ist es keine Stufe. Es ist ein Zulassen. Es geschieht durch uns und mit uns. Wir machen es nicht selbst.

Hingabe kann nicht ohne Akzeptanz erreicht werden. Sie kann nicht ohne Vertrauen erreicht werden. Vergiß alle anderen Voraussetzungen. Dabei geht es nicht um Hingabe.

Hingabe erreichst du hier und jetzt und nicht in der Zukunft. Hingabe erreichst du, wenn du dein Leben akzeptierst, wie es ist, und dem Weg vertraust, auf den es dich führt.

Hingabe führt zur Freude. Sie führt zur Glückseligkeit. Sie führt zur Erkenntnis der grundlegenden Richtigkeit eines jeden Aspektes in deinem Leben, sogar jener Aspekte, bei denen du dich manchmal unbehaglich fühlst.

Wenn du die Glückseligkeit nicht fühlst, akzeptierst du dein Leben nicht so, wie es ist. Du vertraust nicht auf den Fluß.

Widerstand führt dazu, daß Menschen ständig nach Fehlern suchen und sich unglücklich fühlen. Wenn du versuchst, dich selbst oder deinen Partner zu verändern, verstärkst du nur das Gefühl, daß du oder dein Partner nicht in Ordnung ist. Der Versuch, ein Gefühl des Mangels in deinem Leben zu beheben, verstärkt dieses Gefühl nur. Es hat mit der Wirklichkeit nichts zu tun.

In Wirklichkeit fehlt dir nichts. In Wirklichkeit muß nichts verändert werden, weil nichts falsch ist.

Das Gefühl und der daraus folgende Glaube, daß etwas falsch ist, verursacht Gefühle des Mangels, des Opferseins und der Unzulänglichkeit. Diese Gefühle sind nur insofern real, als sie deinen Bewußtseinszustand spiegeln. Dieser Bewußtseinszustand ist zeitlich begrenzt und substanzlos. Wenn du aufhörst, nach Fehlern zu suchen, verschwinden diese Gefühle.

Die Frage ist, „Was bleibt, wenn das Gefühl des Mangels verschwindet?“ Es bleibt die in allem enthaltene Richtigkeit, die natürliche Fülle aller Dinge. Es bleibt der Fluß, der einfach und elegant zum Meer hin fließt.

Unter dieser offensichtlichen Vielschichtigkeit, dem ständigen Wetteifern unserer Egos um Kontrolle und Aufmerksamkeit, gibt es einen einfachen Rhythmus, der es einem jeden von uns ermöglicht, uns von anderen zu unterscheiden. Der Fluß trägt jeden von uns nach vorne. Er hilft uns dabei, uns selbst zu schätzen und zu demjenigen zu werden, der wir sind.

Während wir zuversichtlicher darin werden, wir selbst zu sein und uns auszudrücken, werden wir wie von selbst in ein größeres Ganzes getragen. Zwei kleine Flüsse verbinden sich zu einem mächtigen Strom oder münden in einen schimmernden See. Nicht länger getrennt, werden sie zu einer einzigen

Gegenwart und einem einzigen Bewußtsein. Sie haben ein neues Ziel, ein neues Vertrauen, dem sie nur gerecht werden können, indem sie zusammenkommen. Der Geliebte ist endlich da.

Letztendlich führen alle Flüsse und Seen zu dem Ozean, in dem der Planet schwimmt und existiert. Alle Formen der Liebe verschmelzen zu göttlicher, bedingungsloser Liebe, der Essenz dessen, was wir sind.

Wir werden alle von einer inneren Strömung getrieben, geboren zu werden, zu wachsen, uns von anderen zu unterscheiden und uns mit dem großen Ganzen zu verbinden. Das ist der göttliche Tanz, den wir alle tanzen.

Die Schönheit des Ganzen liegt darin, daß alles von selbst geschieht. Wir müssen nichts tun, um dorthin zu gelangen. Tatsächlich ist es so, daß der Prozeß um so schwieriger wird, je mehr wir versuchen, ihn zu kontrollieren.

Alles spirituelle Erwachen besteht aus der Hingabe an das, was ist. Wir erwachen zu der Schönheit dessen, was bereits da ist. Unserer eigenen tiefen Schönheit. Der vollkommenen Schönheit des Geliebten. Der grundlegenden Vollkommenheit des Lebens, wie es sich entfaltet.

♦ *Zwei* ♦

Praktische Übungen

Verschiedene Übungen

Spirituelle Übungen können in grundlegende Bestandteile gegliedert werden. Der erste Teil ist, sich selbst anzunehmen. Das größte Hindernis bei der Akzeptanz der eigenen Person ist die Selbstbewertung: der ständige Strom uns selbst betreffender kritischer Gedanken und negativer Gefühle. Wenn wir uns dieser negativen Gedanken/Gefühle bewußt werden, können wir uns davon loslösen und zu einer tieferen Ebene des Bewußtseins vom Selbst gelangen.

Der zweite Bestandteil spiritueller Übung ist die Annahme anderer. Das größte Hindernis dabei ist, daß wir die anderen bewerten. Diese Wertungen spiegeln in Wirklichkeit unsere eigenen unbewußten Ängste. Oft wissen wir nicht, daß wir diese Ängste haben, bis wir sie auf einen anderen projizieren. Diese Person zeigt uns dann die Ängste, die in uns selbst auf unbewußter Ebene wirken. Indem wir uns unsere Ängste eingestehen und keinen anderen dafür verantwortlich machen, vertieft sich unsere Fähigkeit, andere anzunehmen.

Der dritte wesentliche Bestandteil spiritueller Übung besteht darin, jede Situation, die in unserem Leben entsteht, anzunehmen. Das größte Hindernis bei dem Versuch, das anzunehmen, was der jeweilige Augenblick bringt, sind unser Haften an die Vergangenheit und unsere Erwartungen an die Zukunft. Indem wir die Vergangenheit hinnehmen und der Zukunft ohne starre Erwartungen entgegensehen, sind wir in der Lage, im Fluß des Lebens zu bleiben.

Es liegt in der Natur spiritueller Übungen, daß sie zyklisch angelegt sind und sich wiederholen. Dadurch, daß du eine Übung ständig wiederholst, lernst du, sie zu beherrschen. Das einfache Bewußtsein von Augenblick zu Augenblick ist das höchste Ziel dieser Übungen. Das geschieht immer dann, wenn du dich vollkommen auf die Gegenwart konzentrierst. Um das zu erreichen, atmest du einfach und konzentrierst dich dabei ganz auf das, was du gerade tust. Lebe dein Leben, ohne es zu mögen oder nicht zu mögen. Sei einfach anwesend, ohne Interpretation oder Bewertung. Wenn du das häufig trainierst, benötigst du keine weiteren spirituellen Übungen.

Tägliches Üben erfordert eine festgelegte Zeitspanne, eine halbe Stunde oder Stunde, die du in stillem Bewußtsein und innerer Sammlung verbringst. Während dieser Zeit konzentrierst du dich auf deine Atmung, wirst dir deiner Gedanken und

Gefühle bewußt und würdigst die Vollkommenheit des Lebens, das sich vor dir ausbreitet. Diese Übung kannst du alleine oder mit einem Partner machen. Dadurch, daß du Körpermeditationen wie Tai Chi und Hatha Yoga in die tägliche Übung mit einbeziehst, kannst du sie intensivieren.

Zusätzlich zu dieser täglichen Übung kann dir ein wöchentliches spirituelles Ritual dabei helfen, deine persönlichen Übungen in das Leben der Gemeinschaft zu integrieren. Grundlage des Sabbats ist, sich jede Woche Zeit für die Verbindung mit seiner spirituellen Familie und die Zwiesprache mit Gott* zu nehmen. Der Aufbau einer Gruppe von Gleichgesinnten (wie später noch beschrieben) stellt ein einfaches Mittel dar, eine spirituelle Gemeinschaft im eigenen Leben zu schaffen.

Für ein monatliches Ritual öffnet sich die Kerngruppe einer spirituellen Gemeinschaft für Familie und Freunde. Es ist ein einfaches Fest und steht allen of-

*(Gott ist für Paul Ferrini weiblich. Anm. d. Verlags)

fen, die daran interessiert sind, etwas Neues zu lernen. Durch gemeinsames Abendessen, andächtiges Singen und andere inspirierende Unternehmungen für Menschen jeden Alters wird eine sichere, liebevolle Umgebung geschaffen, in der die Menschen lernen, ihr Vertrauen in sich und in andere zu vertiefen.

Vierteljährliche und jährliche Rituale verbinden die Gruppe und ihre erweiterte Familie mit der Gemeinschaft im ganzen und anderen spirituellen Gemeinschaften aus unterschiedlichen Traditionen.

Die Stärke eines jeden Übungsabschnitts hängt von der Vollständigkeit des vorangegangenen Abschnitts ab. Tägliches Üben wird durch das Bewußtsein von Augenblick zu Augenblick verstärkt. Die wöchentliche spirituelle Gemeinschaft wird durch die von den einzelnen durchgeführten täglichen spirituellen Übungen gestärkt. Und die erweiterten Treffen der Gemeinschaft werden durch das Treffen einer Gruppe von Gleichgesinnten stärker.

Das Ideal aller spirituellen Übung ist es, die Annahme des Selbst so auszudehnen, daß Familie und Freunde, die Gemeinschaft und die ganze Menschheit damit umfaßt werden. Dadurch wird innerer Frieden zum Frieden der ganzen Welt.

Tägliche Übungen

- *Meditation für das Bewußtsein*

Im Sitzen: Setze dich in eine bequeme Position. Atme tief in deinen Bauch und sei dir deiner körperlichen Empfindungen, deiner Gedanken und Gefühle bewußt. Nimm die Erfahrung des Augenblicks einfach an. Versuche nicht, deine Erfahrung zu verändern und ebensowenig, deine Kritik oder negativen Gefühle zu vertreiben. Sei dir einfach dessen bewußt, was sich in deinem Bewußtscin abspielt.

Im Gehen: Gehe mit offenen Augen. Das kannst du in jeder Umgebung tun, auf einer Straße in der Stadt oder im Wald. Atme tief in deinen Bauch hinein und sei dir deiner körperlichen Empfindungen, Gedanken und Gefühle bewußt. Nimm die Erfahrung des Augenblicks einfach an. Versuche nicht, ihr zu widerstehen oder sie zu beschönigen.

Bleibe einfach im Augenblick und atme tief und entspannt.

Führe eine der oben genannten Übungen mindestens zehn bis fünfzehn Minuten lang aus. Wenn deine Gedanken abschweifen, bringe sie behutsam zurück. Das Ziel ist, in deinem Erleben ganz gegenwärtig zu sein und dabei nichts zu bewerten. Wenn du diese Übung häufig durchführst, wird es dir gelingen, diese Bewußtseinsmeditation über längere Zeitspannen hinweg auszuüben. Du wirst sie auch spontan anwenden, wenn du gestreßt bist und Ruhe brauchst.

- *Meditation zur Annahme*

Setze dich in eine bequeme Position und atme tief in deinen Bauch wie bei der vorangegangenen Übung. Sei dir deiner Empfindungen, Gedanken und Gefühle bewußt und nimm sie an. Nimm sie unabhängig davon an, ob sie dir gefallen oder nicht, denn sie sind deine Erfahrung in diesem Augenblick. Erforsche deinen physischen Körper, deinen emotionalen Körper und deinen mentalen Körper. Nimm mit allem, was du in diesem Augenblick erlebst, Verbindung auf. Wenn du spürst, daß du anfängst, etwas zu bewerten, sage dir: „Ich merke, daß ich dieses und jenes bewerte." Wenn Ärger aufkommt, sage dir: „Ich merke, daß ich über dieses und jenes verärgert bin." Sei dir deiner Empfindungen bewußt, ohne sie zu bewerten. Bewerte deine Erfahrung nicht als gut oder schlecht. Was es auch ist, es ist annehmbar. Schließ es in die Arme. Sei ganz bei dem, was dir gerade geschieht, und nimm daran teil.

Das Ziel dieser Übung ist nicht etwa, Kritik und negative Gefühle verschwinden zu lassen, sondern Liebe zu jenen Stellen in uns zu bringen, die sich ungeliebt, verwundet oder abgelehnt fühlen. Wenn du deine Erfahrungen genau so akzeptierst, wie sie sind, ohne sie verändern zu wollen, bringst du dir selbst vorbehaltlose Liebe entgegen.

Nachdem du diese Übung alleine gemacht hast, willst du sie vielleicht mit einem Partner ausprobieren. Setze dich dazu mit offenen oder geschlossenen Augen deinem Partner gegenüber. Ihr könnt auch abwechselnd üben, erst mit geschlossenen Augen, dann mit offenen. Richte deine Aufmerksamkeit auf dein Gegenüber. Sei dir über alles bewußt, was in dir aufsteigt, wenn du deinen Partner betrachtest. Auch dabei gilt, versuch nicht, Kritik und negative Gefühle für deinen Partner beiseite zu schieben; sei dir dieser Empfindungen bewußt und akzeptiere sie. Indem du deine Beziehung und alle deine dazugehörigen Gefühle so akzeptierst, wie sie sind, und nicht versuchst, sie zu ändern, bringst du vorbehaltlose Liebe und Verständnis in deine Beziehung.

Du kannst diese Übung auch als Meditation im Gehen ausüben. Gehe dazu an einen Ort, an dem du wahrscheinlich auf andere Leuten treffen wirst. Wenn du einem Menschen begegnest, sei dir bewußt, was du denkst und fühlst, und nimm es an. Sage dir, daß diese Person, so wie sie oder er ist, akzeptabel ist, ganz gleich, welche Ängste oder Bewertungen in dir aufsteigen. Atme und akzeptiere jeden, wie er oder sie ist. Atme und akzeptiere deine Kritik und deine Urteile. Laß alles so, wie es ist, und bleibe in der gegenwärtigen Situation. Begegne mit deinem Bewußtsein allen lebenden Dingen auf diese Weise: Pflanzen, Tieren, Bäumen, Steinen und so weiter. Begegne mit deinem Bewußtsein allen Dingen auf diese Weise: auch dem Verkehrslärm, dem Geräusch einer Sirene oder dem Baulärm auf der Straße. Sei gegenwärtig bei allem, was dir begegnet, bei deinen Empfindungen, Gefühlen und Gedanken.

Je öfter du übst, desto häufiger wirst du diese Übung automatisch durchführen, wenn dir etwas begegnet, das dich stört oder deinen Frieden bedroht.

- *Zuhören Teil 1*

Du kannst diese Übung mit deinem Partner oder jeder anderen Person durchführen, mit der du dir eine klare Verständigung wünschst. Wenn ihr mit dieser Übung anfangt, bestätigt euch gegenseitig, daß alles, was in dieser Übung gesagt wird, als vertraulich gilt und keinem anderen mitgeteilt wird.

Zunächst bist du der Zuhörer. Lasse deinen Partner fünf Minuten von Herzen von etwas erzählen, das ihm viel bedeutet (je persönlicher das Thema desto besser). Unterbreche ihn auf gar keinen Fall. Höre intensiv zu und sei ganz für deinen Partner da, während er spricht. Während er spricht, laß ihm deine ungeteilte Aufmerksamkeit zukommen. Halte Blickkontakt. Halte dein Herz offen.

Wenn deine Aufmerksamkeit abschweift, lenke sie behutsam zurück. Wenn du feststellst, daß du über das, was dein Partner sagt, ein Urteil fällst, sei dir dessen bewußt, und lenke deine Aufmerksamkeit behutsam zu dem zurück, was dein Gegenüber sagt. Wenn du feststellst, daß du dem, was dein Partner sagt, zustimmst oder es ablehnst, werde dir dessen bewußt, daß dieser Punkt auch dich betrifft, und bringe deine Aufmerksamkeit zurück zu deinem Partner.

Wenn dein Partner dir alles mitgeteilt hat, sage ihm oder ihr, welches Gefühl du beim Zuhören hattest, ohne dabei etwas zu bewerten. Frage ihn, wie er es empfand, auf diese Weise angehört zu werden. Nun umarmt euch, und dann tauscht die Rollen. Nimm dir einen Moment Zeit, um wieder zu dir zu kommen, bevor du die Rolle des Sprechers übernimmst. Wenn du dazu bereit bist, beginne mit der Übung. Jetzt bist du der Sprecher und dein Partner hört dir zu.

• *Zuhören Teil 2*

Führt den ersten Teil der vorangegangenen Übung wie gehabt durch. Wenn dein Partner dir alles mitgeteilt hat, wiederhole so ehrlich und urteilsfrei wie möglich, was du von ihm gehört hast. Setze dabei so oft wie möglich die Worte und Ausdrücke ein, die dein Partner verwendet hat. Hebe die Teile hervor, die für deinen Partner besonders wichtig waren. Nun lasse deinen Partner erzählen, wie zutreffend er die Wiedergabe des von ihm Erzählten empfindet und ob er das Gefühl hat, daß er aufmerksam angehört wurde.

Danach tauscht ihr, und nachdem du dich mitgeteilt hast, gestatte deinem Partner, zu wiederholen, was er dich sagen hörte. Dann sage deinem Partner, wie zutreffend seine Wiedergabe war und ob du das Gefühl hattest, daß dir intensiv zugehört wurde.

Wöchentliche Übungen

• *Gruppen von Gleichgesinnten*

Eine Gruppe von Gleichgesinnten ist eine Versammlung von Menschen, die sich vorbehaltlos lieben und annehmen wollen. Es ist ihnen klar, daß bei diesem Versuch Ängste und Wertungen an die Oberfläche dringen werden, um geheilt zu werden. Sie haben sich verpflichtet, eine sichere, liebevolle Atmosphäre zu schaffen und zu erhalten, wo sie ihre Ängste überwinden, alte Wunden heilen und die Verantwortung für ihre gegenwärtigen Erfahrungen übernehmen können.

Wenn jemand aus der Gruppe bereits mit solchen Verfahren gearbeitet hat, sollte er oder sie gebeten werden, den Weg zu weisen. Wenn nicht, kann es jeder tun, der sich zu dieser Aufgabe hingezogen fühlt. Die Rolle des Diskussionsleiters kann innerhalb der Gruppe auch von verschiedenen Personen übernommen werden. Später benötigt die Gruppe keinen Diskussionsleiter mehr, weil die Mitglieder die Richtlinien verinnerlicht haben und dafür sorgen, daß sie eingehalten werden.

Absicht, Richtlinien und Vereinbarungen, wie nachfolgend beschrieben, sollten bei jedem Treffen einer Gruppe von Gleichgesinnten vorgelesen werden.

1. Absicht

Unsere *Absicht* ist es, vorbehaltlos Liebe, Annahme und Unterstützung zu geben und zu erhalten. Wir wollen einen sicheren, liebevollen, vorurteilsfreien Raum schaffen, in dem wir unsere Herzen öffnen und unsere Ängste überwinden können.

2. Richtlinien

- Denkt an unsere Absicht: Wir sind hier, um uns

gegenseitig zu lieben und zu akzeptieren, und nicht, um uns zu beurteilen, zu analysieren, zu retten oder zu versuchen, uns zu ändern.

- Wir sind damit einverstanden, über das zu sprechen, was uns am Herzen liegt, und unsere Gedanken und Gefühle aufrichtig mitzuteilen.
- Wenn wir spüren, daß wir andere bewerten, werden wir uns dessen bewußt und lenken unsere Aufmerksamkeit behutsam zurück zu der Person, die spricht.
- Wir werden den Vortrag einer anderen Person nicht unterbrechen. Wir werden der Person, die sich mitteilt, unsere ungeteilte Aufmerksamkeit schenken. Wir werden keine parallele Unterhaltung beginnen.
- Wir nehmen uns 30 Sekunden Zeit, in denen wir schweigend die Mitteilung eines jeden anerkennen.
- Wir werden die Zeit und Aufmerksamkeit der

Gruppe nicht vereinnahmen. Wir machen für andere in der Gruppe Platz, die sich noch nicht soviel mitgeteilt haben wie wir.

- Wir werden „ich-Sätze“ bilden und keine „man-Sätze“. Wir übernehmen die Verantwortung für unsere eigenen Erfahrungen und respektieren die Erfahrungen anderer. Wir werden „unsere“ Bedeutung nicht auf etwas übertragen, was ein anderer gesagt hat.
- Wir werden unsere Verletzung und unseren Ärger nicht verbergen. Wir werden sie aufrichtig mitteilen, ohne zu versuchen, andere dafür verantwortlich zu machen.
- Wenn jemand uns seine Verletzung oder seine Verärgerung mitteilt, erkennen wir seine oder ihre Gefühle an. Wir werden uns nicht verteidigen oder versuchen, unsere Taten und Handlungen zu rechtfertigen. Wir werden alle Gefühle mitteilen, die in uns aufsteigen.

- Wir bleiben in der Gegenwart. Wir bringen weder die Vergangenheit noch die Zukunft ins Spiel, es sei denn, sie sind für uns in diesem Moment von Bedeutung.
- Wir behandeln alles, was in der Gruppe gesagt wird, vertraulich.
- Wir ehren die Stille, in dem Wissen, daß sie uns die Möglichkeit bietet, noch intensiver für uns selbst und andere da zu sein.
- Wenn wir das Gefühl haben, daß die Gruppe ihr Ziel aus den Augen verliert, bitten wir um einen Moment des Schweigens, in dem wir uns besinnen und an unsere Absicht erinnern können.
- Wir denken daran, daß wir diese Vorgehensweise nicht perfekt beherrschen können, und wollen behutsam mit uns umgehen. Wir werden alles, was sich in der Gruppe ereignet, als Gelegenheit nutzen, um Vergebung zu üben.

3. Vereinbarungen

Wir verpflichten uns

- das Ziel der Gruppe zu ehren,
- die Richtlinien zu befolgen,
- pünktlich zu sein,
- an jedem Treffen der Gruppe teilzunehmen (sollte ein Notfall eintreten, sorgen wir dafür, daß der Gruppenleiter informiert wird).

Mögliche Mitglieder, die sich mit dem Ziel, den Richtlinien und Vereinbarungen der Gruppe nicht wohlfühlen, sollten an den Gruppentreffen nicht teilnehmen.

Die ideale Größe für eine Gruppe von Gleichgesinnten ist acht bis zehn Personen. Bei dieser Anzahl hat innerhalb eines Zeitraums von zwei Stunden jeder Zeit, sich mitzuteilen und gehört zu werden. Auch mit kleineren Gruppen läßt es sich arbeiten. Von größeren Gruppen wird abgeraten, es sei denn, die einzelnen Mitglieder haben bereits Erfahrungen in einer Gruppe von Gleichgesinnten gesammelt.

Die Gruppen von Gleichgesinnten sind so gedacht, daß sie sich einmal wöchentlich für ungefähr zwei Stunden treffen. Dabei empfiehlt sich eine Verpflichtung für acht bis zehn Wochen. Nach diesem Zeitraum kann die Gruppe neu zusammengesetzt werden, und zwar so, daß einige aufhören und neue Mitglieder hinzukommen. Es wird jedoch empfohlen, daß sich die Gruppenmitglieder Gedanken darüber machen, wie sie dieses Verfahren in andere Lebensbereiche einbringen können, wo es ebenfalls hilfreich sein kann. Auf diese Weise können Gruppen nicht verwachsen und das Verfahren kann auf andere übertragen werden, die auch davon profitieren können.

Da der Prototyp einer Gruppe von Gleichgesinnten das spirituelle Training seiner Mitglieder zum

Ziel hat, setzt sich der Inhalt einer jeden Gruppensitzung einfach aus den Gedanken und Gefühlen seiner Teilnehmer zusammen. Die Mitglieder werden darum gebeten, das mitzuteilen, was besonders bedeutsam und ausschlaggebend ist dafür, wie sie ihr Leben erleben, wobei sie soweit wie möglich in der Gegenwart bleiben sollten. Je aufrichtiger und ehrlicher ihre Mitteilungen sind, desto intensiver können sie Scham und Schuldgefühle überwinden und sich für die Heilung öffnen.

Jede Gruppe, die sich an diese Richtlinien hält, ist eine Gruppe von Gleichgesinnten. Das, was mitgeteilt wird, muß nicht gründlich oder tiefschürfend sein. Inneres Wachstum kann und wird erfolgen, wenn wir für die anderen Mitglieder da sind, auch dann, wenn deren Mitteilungen zurückhaltend und oberflächlich erscheinen mögen. Das oberste Ziel muß die Erhaltung einer Atmosphäre der Sicherheit und Unterstützung für alle Mitglieder sein.

Gruppen von Gleichgesinnten können themenbezogen arbeiten, solange die Richtlinien befolgt werden. Die Arbeit kann sich auf Themen wie Beziehungen, Beruf, Dienst und so weiter konzentrieren. Inhalt dieser themenbezogenen Gruppen sind stets die persönlichen Erfahrungen der Mitglieder. So kann eine Gruppe von Angestellten zum Beispiel gefragt werden, was sie an ihrem Beruf am meisten schätzt und was sie am stärksten frustriert. In diesem Fall kann das Verfahren dafür sorgen, daß jede Person angehört wird. Unterschiede können dann besser verstanden und respektiert werden, und auch Übereinstimmungen werden leichter erkannt.

Gruppen von Gleichgesinnten sind ein wichtiges Werkzeug zur Verbesserung der Kommunikation und Arbeitsmoral in Krankenhäusern, Pflegeheimen, Schulen, Gefängnissen und anderen öffentlichen Einrichtungen. Sie helfen dabei, daß sich

Gruppen von Menschen untereinander als gleichberechtigt akzeptieren und effektiver zusammenarbeiten.

- *Glaubensübergreifender Gottesdienst*

Ein glaubensübergreifender Gottesdienst kann für sich entwickelt werden oder aus den Treffen einer Gruppe von Gleichgesinnten entstehen. Das Ziel dieses Gottesdienstes ist es, Menschen zusammenzubringen, die ihre schöpferischen Gaben teilen und an einer Gemeinschaft teilhaben wollen. Um eine sichere, liebevolle, vorurteilsfreie Atmosphäre für alle Mitglieder schaffen zu helfen, werden die Richtlinien für Gruppen von Gleichgesinnten befolgt.

Die Teilnehmer werden ermutigt, gemeinsam einen Raum für Anbetung und Gottesdienst zu schaffen, indem sie durch ihre Fähigkeiten für Dekoration, durch künstlerische Gestaltung, Gartenarbeit, ihr musikalisches Talent und so weiter dazu beitragen. Die Sufi-Tänze des Universellen Friedens und einfache, dazu passende Musik und Rituale helfen den Menschen dabei, sich auf der Herzensebene miteinander zu verbinden. Die Atmosphäre dieser Gemeinschaft sollte den Respekt für alle spirituellen Traditionen so stark wie möglich fördern, auch wenn eine bestimmte Tradition besonders hervorgehoben wird.

Im Idealfall verbinden sich verschiedene Gruppen von Gleichgesinnten, um gemeinsam einen glaubensübergreifenden Gottesdienst abzuhalten. Neu hinzukommende Menschen hätten die Möglichkeit, sich einer der Gruppen von Gleichgesinnten anzuschließen, sobald ein Platz frei wird. Auf diese Weise könnte jedes Mitglied der Gemeinschaft die tiefe Liebe, Annahme und Gleichberechtigung erfahren, die in den Gruppen von Gleichgesinnten bestehen. Auf diese Weise kann eine Tiefe an persönlicher Erfahrung in die größere Versammlung eingebracht werden, die mit dem Gruppenziel übereinstimmt.

• *Wasser-Meditation*

Suche einen Strom, einen Wasserfall oder einen Strand, an den die Brandung spült. Das Geräusch von Wasser in Bewegung besitzt große Heilkraft. Setze dich an eine bequeme Stelle und höre dem Wasser zu. Wasser erzählt uns ohne Worte, daß alles, so wie es ist, annehmbar ist. Lasse das Wasser zu dir sprechen. Dein Leben bewegt sich wie das Wasser. Alles, was du tun mußt, ist mitzufließen. Du mußt nur deine Sorgen loslassen und dein Leben leben. Wie das Wasser weißt auch du nicht, wohin du gehst und welche Hindernisse auf deinem Weg liegen. Wie das Wasser wirst du um diese Hindernisse herumfließen und deine Bestimmung erfüllen. Du mußt deine Bestimmung nicht kennen, um sie zu erfüllen. Du mußt einfach nur dein Leben leben.

Wenn du fertig bist, mache einen langen Spaziergang am Wasser entlang und lausche dabei dem Klang des Wassers. Nun bewegst du dich auch. Lasse das Leben in dir tanzen, wie das Wasser im Strom oder in der Brandung tanzt. Alles ist im Fluß. Das Leben selbst fließt voran, wie ein sich entwickelnder Tanz.

• *Berg-Meditation*

Suche dir einen Berg, den du relativ mühelos besteigen kannst. Versuche einen Berg mit Blick auf die umliegende Landschaft zu finden. Steige schweigend hinauf. Wenn du willst, kannst du dabei auch die Meditation für das Bewußtsein oder die Meditation zur Annahme durchführen.

Wenn du den Gipfel erreicht hast, betrachte die Gebäude, das Land, das Wasser, die Bäume, die unter dir liegen. Beachte, wie anders sie aus dieser Perspektive aussehen.

Dann schließe die Augen und betrachte dein Leben aus der Vogelperspektive. Beachte, wie manche Dinge, die sehr wichtig erschienen, nun relativ unbedeutend wirken.

Wenn du den Berg wieder hinuntersteigst, überlege, wie du die Vogelperspektive mitnehmen und in dein tägliches Leben integrieren kannst.

• *Dienst am anderen*

Melde dich freiwillig, einmal in der Woche etwas zu tun, womit du anderen Menschen helfen kannst. Wähle etwas, das dir leichtfällt und das du ohne große Planung und Überlegung ausüben kannst. Wenn es Zeit ist, deinen Dienst anzutreten, sei von ganzem Herzen dabei. Konzentriere dich vollkommen auf die Arbeit, die du tust. Sei dir darüber klar, daß es deine Absicht ist, zu helfen. Arbeite voller Freude, Klarheit und Begeisterung. Arbeite, ohne eine Gegenleistung zu erwarten. Erlebe bewußt, wie du dich fühlst, wenn du etwas bedingungslos gibst. Trete deinen Dienst jedes Mal mit positiver Einstellung und frischer Bereitwilligkeit an.

Wenn dir einmal in der Woche zu oft ist, verpflichte dich für einmal im Monat. Mache diese Übung nicht aus Schuldgefühl oder als Opfer. Sondern erlebe sie als die positive Erfahrung vorbehaltlosen Gebens.

- *Religiöses Singen und Tanzen*

Lade Musiker ein, um mit den Gemeindemitgliedern einmal in der Woche religiöse Lieder zu singen und religiöse Tänze aus den verschiedenen spirituellen Traditionen zu tanzen. Wähle Lieder und Tänze, die spirituell erhebend sind, sich wiederholen und leicht zu lernen sind. Die Tänze des Universellen Friedens sind besonders inspirierend und helfen dabei, eine Atmosphäre zu schaffen, in der sich Herzen öffnen können.

• *Pflege deine Partnerschaft*

Unternimm etwas, was dein Partner oder deine Partnerin gerne mit dir unternehmen würde. Gelobe dir, dabei nur die positiven Seiten zu sehen, auch wenn es dir schwerfällt. Vergewissere dich, daß dein Partner weiß, daß du diese Sache nur ein einziges Mal machen wirst, es sei denn, du fändest wirklich Gefallen daran.

Die Partner können sich bei dieser Übung abwechseln, so daß sie Flexibilität entwickeln und ihre Zuneigung zeigen können. Beginne mit Dingen, die dir relativ leicht fallen. Wenn du damit positive Erfahrungen machst, fahre mit schwierigeren Vorhaben fort.

Monatliche Übungen

• *Retreat* bei Neumond*

Neumond ist eine Zeit, in der wir uns um uns kümmern und innere Einkehr halten sollten. Suche dir einen inspirierenden Ort, an dem du dich zwei bis drei Tage aufhalten kannst, und begib dich mindestens einen Tag bevor die alte Mondphase endet dorthin. In der abnehmenden Mondphase trittst du mit jenem Teil deiner emotionalen Erfahrung in Verbindung, den du loslassen mußt. Lasse Kritik, Unzufriedenheit und Enttäuschungen, die du noch in dir trägst, los. Wenn du dich darauf vorbereitest, die Energie des Neumondes aufzunehmen, erinnere dich daran, daß alles, was in deinem Leben geschieht, auf hilfreiche Art genutzt werden kann. Stelle fest, wie die Fehler der Vergangenheit dir helfen, klarer zu erkennen, was du nicht willst, was dir wiederum dazu verhilft, klarer zu erkennen,

*Mit „Retreat" wird eine Periode des Rückzugs bezeichnet, die zur spirituellen inneren Einkehr dient. (Anm. d. Ü.)

was du willst. Sei für die Beziehungen in deinem Leben dankbar, die dir helfen, dich zu respektieren. Die Dankbarkeit für die Lehren der Vergangenheit wird dir helfen, diese Lehren nicht zu wiederholen oder, falls doch, es sanfter zu tun.

Wenn die Neumondphase beginnt, sei dir darüber klar, was du dir in deinem Gefühlsleben wünschst. Erspüre, welche positiven Veränderungen in deiner Einstellung von dir verlangt werden, um größere Freude und Ganzheit zu erfahren. Gelobe dir, nein zu den Menschen und Situationen zu sagen, die dich nicht respektieren, und warte geduldig auf die Menschen und Situationen, die dich respektieren.

Verstehe, wie du dich in der Vergangenheit selbst betrogen hast, indem du ja sagtest, wenn du nein sagen wolltest. Anstatt der anderen Person die Schuld zu geben, die deine Einladung angenommen hat, übernimm selbst die Verantwortung für dein Verhalten und begreife, daß du es ändern kannst. Dein Glück hängt von deiner Fähigkeit ab, dich selbst zu achten. Nimm dir ein paar Minuten Zeit, um zu überlegen, welche wunderbaren Dinge du im kommenden Monat für dich tun kannst, um dich zu pflegen. Stelle dir vor, ja zu den Dingen zu sagen, die dir helfen, dir selbst zu vertrauen, und auf sichere Art mit anderen Leuten verbunden zu sein, wobei du Liebe und emotionale Unterstützung schenkst und erhältst.

Schreibe diese Ideen in dein Neumondtagebuch, so daß du dich täglich (oder wenigstens wöchentlich) während des Mondzyklus' darauf beziehen kannst. Kehre dann mit gestärktem Verantwortungsgefühl für dein Glück und dein Wohlergehen in dein Leben zurück, und befreie andere von der Schuld für deinen emotionalen Kummer.

Wenn du dir jeden Monat Zeit für ein Retreat an Neumond nimmst, wirst du feststellen, daß du lernst, viel besser für dich zu sorgen. Du lernst, in steigendem Maße mit deinem emotionalen Körper im Einklang zu leben. Du wirst bemerken, wie viele deiner Gedanken, Wünsche und Phantasien die Bedürfnisse deines emotionalen Körpers nach Regelmäßigkeit und Beständigkeit ignorieren. Dadurch läßt du Erfahrungen zu, bei denen du dich emotional verausgabst und die mit deiner Energie und deinem Selbstvertrauen Raubbau treiben. Du wirst lernen, wie wichtig ein physischer und emotionaler Rhythmus für dein Leben ist. Wenn du erst einmal gelernt hast, diesen Rhythmus zu schätzen und zu respektieren, wirst du anderen begegnen, die dir dafür Raum gewähren. Das einmal im Monat stattfindende Retreat hilft dir dabei zu lernen, was du benötigst, um dich wohl zu fühlen, und es schenkt dir die Klarheit und Stärke, mit der du dich für den Rest des Monats für deine emotionale Gesundheit einsetzen kannst.

• *Retreat mit dem Partner*

Paare, die sich auf eine Beziehung konzentrieren wollen, können eine besondere Variante des Retreats ausprobieren. In diesem Fall folgen beide Partner dem Ablauf des Retreats, wie er zuvor beschrieben wurde, und widmen sich zusätzlich dem Verständnis dessen, was die emotionale Gesundheit der Partnerschaft fördert und unterstützt. Paare können sich auf Ziele und Rituale einigen, die sie während des Monats einhalten, um sich von negativen Gefühlen lösen zu können und um während der unvermeidlichen Höhen und Tiefen des gemeinsamen Lebens emotional verbunden zu bleiben.

Es empfiehlt sich, daß jeder der Partner sich zunächst alleine zurückzieht und sich darin übt, Verantwortung für sein oder ihr emotionales Wohlergehen zu übernehmen, bevor sie an einem Retreat als Paar teilnehmen. Die Retreats eines Paares können und sollten auf den Fähigkeiten aufbauen, die im Verlauf des individuellen Rückzugs erlernt wurden.

- *Versammlung der Gemeinschaft*

Versammle die Menschen deiner Gemeinschaft einmal im Monat – wenn möglich zur Zeit des Vollmonds – zu einem gemeinsamen Abendessen, zu dem jeder etwas mitbringt, mit religiösem Singen und den Sufi-Tänzen des Universellen Friedens. Die Menschen können aus den Gruppen von Gleichgesinnten, glaubensübergreifenden Gottesdiensten oder der Gemeinschaft im ganzen kommen. Heiße Menschen aller Altersgruppen und Schichten willkommen. Das ist eine einfache, unkomplizierte Methode, durch die sich Menschen miteinander verbunden fühlen und die emotionale Unterstützung einer liebevollen Gemeinschaft spüren können. Mit diesem festlichen Ereignis werden Neuankömmlingen die wöchentlichen Aktivitäten vorgestellt, an denen sie vielleicht teilnehmen möchten. Dem inneren Kern der Gemeinschaft ermöglicht es, neue Mitglieder zu erreichen und anzuziehen, um so die Dynamik und Gesundheit der Gemeinschaft zu erhalten.

Jährliche Übungen

- *Visionssuche*

Jeder von uns verliert einmal sein Ziel aus den Augen. Unser Leben erscheint uns dann schal und bedeutungslos, oder wir fühlen uns von den Anforderungen des Alltags überfordert. In solchen Zeiten ist es hilfreich, der Routine den Rücken zu kehren und uns auf die Suche zu begeben, um die uns motivierende Vision unseres Lebens wiederzufinden. Diese Vision verändert sich ständig, während wir uns entwickeln, unsere Ziele erreichen und neue Schwerpunkte setzen. Und doch gibt es einen Aspekt dieser Vision, der sich nicht verändert. Es ist die Essenz dessen, was wir sind, und was unser Leben ausmacht.

Wenn wir uns dieser Essenz bewußt sind und im Einklang damit handeln, fühlen wir uns getragen und voller Energie. Aber kein Mensch ist in der

Lage, ständig so zu leben. Es ist viel zu leicht, in die Dramen anderer Leute verwickelt zu werden und den Sinn unseres Daseins aus den Augen zu verlieren. Wenn wir ihn über einen langen Zeitraum hinweg vergessen, steigt etwas in uns hoch, das „Genug, so geht es nicht weiter!" sagt. Wenn dieser Augenblick gekommen ist, hat die Suche nach unserer Vision begonnen.

Wenn du dich auf die Suche nach deiner Vision begibst, weißt du nicht, wohin du gehst. Das ist das Wesen der Suche. Also halte nicht an einer Routine fest, die nicht funktioniert, bloß weil du nicht weißt, wohin du gehen sollst. Natürlich weißt du das nicht. Darum geht es ja gerade.

Du kannst die Suche nach deiner Vision in deinem Wohnzimmer beginnen, wenn dein Wohnzimmer ein Ort ist, der dich unterstützt und abgelegen ist vom Streß und der Routine deines Alltags. Aber die meisten Menschen finden es hilfreich, sich an einen inspirierenden Ort zu begeben. Wohin du auch gehst, wähle einen Ort, der deine Seele nährt und dir viel Raum für stille Überlegung läßt.

Verstehe deine Reise als spirituelle Reise. Alles, was dir unterwegs auf deiner Suche widerfährt, ist bedeutungsvoll. Selbst wenn du den Sinn einer zufälligen Begebenheit oder Begegnung nicht direkt verstehst, du wirst ihn später erfahren. Bleibe also offen und empfänglich. Gehe Risiken ein. Bleibe offen für Möglichkeiten. Vertraue auf dein Gefühl und deine Intuition. Entdecke. Vergnüge dich. Plane nicht mehr, als du unbedingt mußt. Gewähre dir großen Spielraum für Spontaneität.

Gehe durch geöffnete Türen, auch wenn du nicht weißt, wohin diese führen. Halte dich von geschlossenen Türen fern, auch wenn du glaubst, daß sich dahinter etwas verbirgt, das du dir wünschst oder brauchst.

Bleibe ohne Erwartungen im Fluß deines Lebens. Wenn du losläßt, wirst du flußabwärts getragen. Wenn du widerstehst und stromaufwärts schwimmst, wirst du sehr frustriert sein, aber vielleicht ist es genau das, was du am meisten lernen mußt: daß du dein Leben nicht über dein Ego kontrollieren kannst. Solange dein Ego dein Leben im Griff hat, bekommst du vielleicht nasse Füße, aber der Rest deines Körpers kommt mit dem Fluß nicht in Berührung. Um den Fluß kennenzulernen und von seiner Strömung geführt zu werden, mußt du aufhören, das, was dir geschieht, kontrollieren zu wollen.

Die Suche nach deiner Vision sollte mindestens eine Woche dauern, aber auch ein Monat oder sogar ein Jahr kann angemessen sein. Du wirst wissen, wie lange du brauchst. Wenn du regelmäßig einen Retreat machst, reichen eine Woche oder zehn Tage pro Jahr gewöhnlich aus. Aber wenn du seit zwanzig Jahren in derselben Routine gefangen bist, benötigst du für die Suche nach deiner Vision vielleicht ein ganzes Jahr. Manche Menschen nennen dies ihr Sabbatjahr. Aber das würde unterstellen, daß du in dieselbe Routine zurückkehrst. Wenn du dich auf die Suche nach deiner Vision begibst, hast du keine Ahnung, wohin du zurückkehren wirst. Du weißt nur, daß du gehen mußt.

Wenn du von deiner Suche zurückkehrst, wirst du ein starkes Gespür dafür haben, was das Ziel deines Lebens ist und wie du es von nun an würdigen kannst. Sorge dich nicht, wenn du bisher nur den ersten Schritt kennst. Mehr wissen die meisten Menschen nicht. Die anderen Schritte werden sich dir von selbst offenbaren, wenn du deiner eigenen Führung vertraust und den Weg deines Herzens beschreitest.

- *Versammlung zu den Jahreszeiten*

Viermal im Jahr wechseln die Jahreszeiten. Jede Jahreszeit hat ihre eigene, ganz besondere Bedeutung. Der Frühling ist die Zeit der Saat, der Sommer die Zeit der Blüte, der Herbst die Zeit der Ernte und der Winter eine Zeit der Ruhe und Erneuerung.

Als Teil des natürlichen Kreislaufs können wir mit den Jahreszeiten im Einklang leben und von ihrem Wechsel lernen. Jede Jahreszeit* dauert 91 Tage und beginnt ungefähr 45 Tage vor der Tagundnachtgleiche bzw. Sonnenwende und endet 45 Tage später. Der Frühling beginnt im Anschluß an die erste Februarwoche und endet nach der ersten Woche im Mai. Der Sommer beginnt im Anschluß an die erste Maiwoche und endet nach der ersten Woche im August. Der Herbst beginnt im Anschluß an die erste Augustwoche und endet nach der ersten Woche im November. Der Winter beginnt im Anschluß an die erste Woche im November und endet nach der ersten Woche im Februar.

Im Frühling kann sich unsere Vision herauskristallisieren, wir können Maßnahmen zu ihrer Un-

*Paul Ferrini richtet sich hierbei nach der überlieferten vorchristlichen Jahreseinteilung, nicht nach der jüngeren kalendarischen. (Anm. d. Vlgs.)

terstützung ergreifen und den Grundstein zu ihrer Verwirklichung legen. Im Sommer können wir unsere Vision aktiv in die Wirklichkeit umsetzen und sie mit so vielen Menschen wie möglich teilen. Im Herbst können wir die Früchte unserer Arbeit genießen, Rückmeldung für das erhalten, was funktioniert hat und was nicht, und damit beginnen, unsere Pläne für das nächste Jahr zu überarbeiten. Im Winter können wir für unsere Erfolge Dankbarkeit empfinden, uns mit unseren Fehlschlägen abfinden, die Dinge loslassen, die nicht funktioniert haben, neue Ideen anhören und diese still in unserem Herzen hegen.

Spirituelle Zusammenkünfte können so geplant werden, daß sie die Bedeutung des Jahreslaufs widerspiegeln. Konferenzen und Retreats im Winter sollten Zeiten sein, in denen wir trauern, die Vergangenheit ziehen lassen, in uns gehen und neue Visionen erspüren. Zusammenkünfte im Frühling sollten Ereignisse sein, bei denen wir uns mit anderen Menschen treffen, feststellen, wo unsere Visionen übereinstimmen, wo wir Netzwerke schaffen und/oder einander unterstützen können. Im Sommer sollten wir unsere Ideen und das von uns Geschaffene fördern, vom kreativen Ausdruck anderer lernen und ganz allgemein teilen und feiern, wer wir sind und was wir tun. Zusammenkünfte im Herbst sollten Ereignisse sein, bei denen wir an dem, was wir getan haben, das Gute erkennen und uns mit unseren Fehlern abfinden, bei denen wir uns gegenseitig zu der Erkenntnis verhelfen, wo in Zukunft Verbesserungen vorgenommen werden könnten.

Andere Zyklen im Vierer-Rhythmus

Ein ähnlicher Zyklus im Vierer-Rhythmus ereignet sich jeden Tag, wobei Mitternacht der Winterzeit entspricht und die Dämmerung der Frühlingszeit. Der Mittag entspricht dem Sommer und der Sonnenuntergang dem Herbst. Da die meisten von uns in der Nacht schlafen und am Tag arbeiten, leben wir recht gut im Einklang mit dem täglichen Kreislauf.

Die Mondphasen bilden einen weiteren viergeteilten Zyklus. Hier entspricht der Neumond dem Winter, der zunehmende Mond dem Frühling, der Vollmond dem Sommer und der abnehmende Mond dem Herbst. Seit die Mehrheit von uns keine Landwirtschaft mehr betreibt bzw. für den eigenen Lebensunterhalt kein Land mehr bebaut, ist unser Leben viel weniger im Einklang mit dem Mondzyklus. Aus diesem Grund sind wir emotional auf vielerlei Art von der Natur abgespalten, was dem

Planeten, auf dem wir leben, nicht gerade zum Besten dient. Die Anpassung an den Mondzyklus kann für uns und unsere Umwelt eine heilsame Erfahrung sein.

♦ *Drei* ♦
Die größte Freude

Es gibt zu jeder Zeit und in jeder Situation eine Vorgehensweise, die allen beteiligten Personen gerecht wird. Sie kann jedoch erst gefunden werden, wenn die Gedanken und Gefühle aller angehört wurden.

Wenn Menschen angehört werden, fühlen sie sich geschätzt und respektiert. Sie können ihre Fürsorge und Liebenswürdigkeit auf andere ausdehnen, die andere Ansichten haben. Und so kann eine Vielfalt von Ansichten und Standpunkten in Betracht gezogen werden. Die besten Entscheidungen werden getroffen, wenn das geschieht.

Wenn jeder Mensch Einfluß auf den Vorgang der Entscheidungsfindung hat, gestaltet er die zu treffenden Entscheidungen mit und macht sie sich somit zu eigen. Er nimmt daran teil, ohne andere davon auszuschließen.

Wenn Menschen ihre Ideen nicht zu Gehör bringen können und sie bei der Entscheidungsfindung nicht mit einbezogen werden, haben sie das Gefühl, daß sich niemand um sie kümmert. Wenn sich Kinder oder Erwachsene ausgeschlossen und unbeachtet fühlen, reagieren sie verletzt und verärgert. Jede Handlung zu ihren Gunsten wird dann verübelt wenn nicht gar abgelehnt.

Jeder möchte angehört, beachtet und respektiert werden. Das sind allgemeine menschliche Bedürfnisse. Als Ehemann oder Ehefrau sollten wir Fürsorge und Respekt auf unseren Partner ausdehnen. Als Eltern sollten wir sie auf unsere Kinder ausdehnen. Als Gemeinschaft sollten wir sie auf alle Mitglieder ausdehnen, ob arm oder reich, schwarz oder weiß, gesund oder behindert.

Thomas Jefferson trat dafür ein, daß jeder von uns bestimmte unveräußerliche Rechte habe. Doch in der Praxis sind einige von uns nicht bereit, anderen die einfachsten Grundrechte einzuräumen: Das Recht auf Mitsprache bei den Entscheidungen, die sie betreffen. Aber selbst wenn wir dem Recht auf Mitsprache anderer zustimmen, heißt das noch nicht, daß wir bereit sind zuzuhören. Und solange wir zum Zuhören nicht bereit sind, was bedeutet da schon das Mitspracherecht? Was bedeutet das Recht auf freie Meinungsäußerung, wenn wir uns ständig die Ohren zuhalten?

Es heißt in unserer Gesellschaft, daß jeder das Recht hat, seine Meinung zu äußern. Aber wir müssen nicht zuhören. Die Gesellschaft kann nicht dafür sorgen, daß wir hören, was andere sagen, oder daß andere hören, was wir ihnen sagen. Zuhören war schon immer eine freiwillige Handlung. Es war schon immer eine Frage, die jeder selbst entscheiden konnte.

Anderen zuzuhören ist eine Form der Liebe. Und Liebe wurde noch nie erfolgreich durch Gesetze erwirkt. Die Gesetze können niemanden dazu bewegen, andere zu lieben, sie können auch niemanden dazu bringen, einander zuzuhören.

Viele von uns glauben, daß wir zuhören, aber das ist nicht wahr. Wenn wir intensiv und gründlich zuhören würden, würde das unser Leben vollkommen verwandeln.

Um herauszufinden, wie gut wir zuhören, mache doch einmal ein kleines Experiment. Richte in der nächsten halben Stunde deine Aufmerksamkeit auf alles, was deine Ohren hören können: das Geräusch des Windes oder des Regens, das Summen deines Computers oder des Kühlschranks, die Person, die du anrufst, die Stimme deiner Frau (deines Partners), die dich an das Abendessen mit den Schwiegereltern erinnert. Höre einfach zu, ohne zu bewerten. Und wenn du merkst, daß du bewertest, denke daran, daß du nicht zuhörst, sondern bewertest.

Reagiere gar nicht, ausgenommen, um zu bestätigen, daß du gehört hast. Wenn du reagierst, hörst du auf zuzuhören.

Höre einfach zu. Versuche es eine halbe Stunde lang. Danach eine Stunde. Dann höre einen ganzen Vormittag oder Nachmittag lang zu. Du wirst erstaunt sein, wie wenig du tatsächlich zuhörst.

Wir denken, daß wir einander zuhören, aber wir hören uns gar nicht besonders lange oder intensiv zu. Wir werden leicht durch unsere eigenen Gedanken oder Dinge, die in unserer Umgebung geschehen, abgelenkt.

Wenn wir wirklich „zuhören", empfinden wir Verständnis, Mitgefühl, Liebe und Respekt. Wir wollen der anderen Person keinen Vortrag halten oder sie oder ihn verändern. Wir fühlen uns einfach gut, weil dieser Mensch dich sicher genug fühlte, mit uns aufrichtig zu kommunizieren.

Wenn wir einer anderen Person wirklich „zuhören“, hören wir uns selbst. Wir wissen, daß wir der Mensch sein könnten, der dort spricht. Das ist Gleichberechtigung. Das ist Verbindung.

Zuhören ist eine Erfahrung des Teilens. Es ist eine Erfahrung der Gemeinschaft.

Seien wir einmal ehrlich. Wir befinden uns die meiste Zeit nicht miteinander in einer Gemeinschaft. Wir hören uns nicht intensiv zu. Wir sind nicht ganz da.

Da wir das wissen, können wir uns entscheiden, da zu sein. Wir können uns entscheiden zuzuhören. Wir können die Hände von den Ohren nehmen und uns gegenseitig in die Augen sehen. Wir können mit dem Herzen „zuhören“ und nicht nur mit den Ohren. Wir können uns gegenseitige Liebe und Achtung schenken.

Anderen zuzuhören bedeutet für sie einen großen Segen. Es ist nicht beiläufig und bedeutungslos, sondern ein Akt der Größe, von großer Wirkung und Schönheit. Es ist ein Akt, der inspiriert und erhebt. So hat Jesus zugehört, nicht nur mit den Ohren, sondern mit seinem Herzen, mit seinem ganzen Sein.

Wenn wir also anderen zuhören, hören wir nicht zu, um zuzustimmen oder abzulehnen, sondern einfach nur, um die Erfahrung der anderen anzuhören. Und wenn wir mit anderen sprechen, laßt uns nicht sprechen, um Aufmerksamkeit oder Zustimmung zu erlangen, sondern um mitzuteilen, was uns in unseren Herzen und Köpfen bewegt.

Unsere größte Freude ist nicht etwa, die Zustimmung anderer zu erhalten, sondern die Erfahrung, intensiv und ohne Bewertung zuzuhören und angehört zu werden. Das bestätigt sich bei jeder Begegnung aufs Neue.

Aufmerksamkeit und Absicht

Um intensiv zuzuhören, müssen wir dem, was die andere Person sagt, Aufmerksamkeit schenken. Wir dürfen dabei nicht in unsere eigenen Gedanken und Gefühle vertieft sein. Wir dürfen dabei nicht müde oder schlecht gelaunt sein. Wenn wir einer anderen Person Aufmerksamkeit schenken, benötigen wir Energie und Klarheit. Wir benötigen Geduld und Respekt für das, was die andere Person uns mitteilen möchte. Solange wir die Absicht des Sprechers respektieren, ist es leichter, dem was er sagt, Aufmerksamkeit zu schenken.

Aber wenn uns unser Gegenüber angreift und wir gekränkt sind, verlieren wir unsere Aufmerksamkeit sofort. Wir verlieren sie, weil wir aufhören, die Absicht des anderen zu respektieren. Wir glauben, daß diese Person uns verletzen möchte. Und wir schalten ab, oder wir reagieren und schlagen zurück. Sobald wir gekränkt sind, sobald wir die Absicht des anderen als etwas anderes denn als ehrenwert betrachten, sind wir nicht mehr in der Lage zuzuhören. Die Kommunikation wird unterbrochen. Die Kommunikation ist zerstört.

Um zuzuhören, brauchen wir nicht nur Aufmerksamkeit, sondern auch ein Bewußtsein unserer Absicht gegenüber der anderen Person. Wenn wir uns angegriffen fühlen, wollen wir der anderen Person nicht mehr zuhören. Wir wollen zurückschlagen oder uns verteidigen. Wenn das geschieht, müssen wir uns dessen bewußt sein und zugeben, was da passiert. Der Versuch zuzuhören, wenn wir uns angegriffen fühlen, ist sinnlos. Es ist unmöglich. Es ist besser, solche Dinge direkt zur Sprache zu bringen und zu sagen: „Ich würde wirklich gerne hören, was du sagst, aber ich merke, daß ich abschalte. Können wir einen Moment innehalten und prüfen, wie wir bis hier gekommen sind, und ob wir dieses Gespräch jetzt wirklich führen wollen?"

Es ist besser eine „Auszeit" einzulegen, als sich in Angriff und Verteidigung zu verwickeln. Es ist besser, dann weiterzumachen, wenn wir nicht müde, schlecht gelaunt und in der Defensive sind, anstatt es zu versuchen, wenn wir es sind. Zuhören erfordert Energie und Aufmerksamkeit. Wir brauchen Aufnahmefähigkeit und Mitgefühl für unser Gegenüber. Wenn wir diese Qualitäten nicht in unserem Bewußtsein spüren, sollten wir nicht versuchen zuzuhören. Wir sollten dann auch nicht versuchen, mit jemandem zu sprechen.

Kommunikation gelingt nicht einfach von allein. Es bedarf der richtigen Absicht und Aufmerksamkeit. Sind sie vorhanden, gelingt die Kommunikation nicht nur, sie wird dann sogar zu einer heiligen Erfahrung. Sind diese Voraussetzungen nicht erfüllt, ist keine Kommunikation möglich. Worte, die

dann ausgesprochen werden, müssen später wiedergutgemacht werden.

Dem Frieden eine Chance

Zu einem eleganten Tanzabend würdest du nicht in schmutzigen Kleidern gehen. Gehe auch nicht zu einem Treffen mit jemandem, den du magst, wenn du müde, schlecht gelaunt oder mißtrauisch gegenüber den Motiven dieses Menschen bist. Daraus kann nichts Gutes entstehen.

Bereite dich auf das Treffen so vor, daß du wach und für den anderen Menschen empfänglich bist und dir selbst deiner eigenen Absicht bewußt bist. Gehe dorthin, wenn du die guten Absichten deines Gegenübers spüren kannst, und lausche aufmerksam dem, was dir der oder die andere zu sagen hat. Damit steckst du den Rahmen für einen feinfühligen, respektvollen Austausch.

Bevor du ein schönes Essen zu dir nimmst, deckst du den Tisch. Bevor du mit jemandem sprichst, der dir wichtig ist, prüfe deine Energie und dein Bewußtsein. Wenn du dich mit Ärger und Unmut an den Tisch setzt, werden sich diese Gefühle wahrscheinlich verstärkt haben, wenn du aufstehst.

Man setzt sich nicht zum Essen an den Tisch, wenn man bereits satt ist. Komme nicht voller negativer Gedanken und Gefühle zu einem Treffen. Wenn du es doch tust, sind deine Absichten nicht ehrenwert.

Wenn du dich bereit zum Angriff an einen Verhandlungstisch setzt, wie kannst du dann wohl Frieden schließen? Wenn du Frieden schließen willst, kommst du in Frieden. Sprich friedlich. Höre friedlich zu. Dann ist auch für den Fall eine Verständigung möglich, wenn beide nicht einer Meinung sind.

Frage dich stets „Was will ich hier? Möchte ich Frieden oder will ich Krieg? Will ich Recht behalten, oder will ich glücklich sein? Will ich eine Lösung, die uns beiden gerecht wird, oder will ich die Oberhand behalten?“ Und sei bitte ehrlich zu dir selbst.

Wenn du behauptest, daß du Frieden willst, aber in Wirklichkeit ärgerlich und aufgebracht bist, verletzt du damit die Aussicht auf eine Versöhnung. Dann ist es besser, den eigenen Ärger und Groll zu erkennen und dich zurückzuziehen. Es ist besser, dir Zeit für den Ärger und den Groll zu nehmen, bis du spürst, daß sich diese Gefühle verändern. Wenn diese Veränderung eingetreten ist und Sanftmut in dein Herz zurückkehrt, kannst du dich wieder an den Tisch setzen. Dann kommst du mit dem Wunsch nach Frieden und dann gibst du dem Frieden eine Chance.

Der Tanz der Energie

Wenn sich zwei Menschen einander annähern, die beide schwach oder bedürftig sind, und sich Aufmerksamkeit und Zustimmung wünschen, werden sie häufig beide enttäuscht. Das liegt daran, daß keiner der beiden in der Lage ist, zu geben. Um zu geben, muß man mit sich selbst zufrieden sein. Diese Zufriedenheit überträgt sich dann von selbst auf andere.

Wenn sich ein Mensch gut fühlt und ein anderer ein bißchen Aufmerksamkeit oder Aufmunterung braucht, ist ein produktiver Austausch möglich. In diesem Fall hilft die stärkere Person der schwächeren, Energie aufzutanken, und diese ist dann wiederum in der Lage, auf derselben Ebene zu reagieren. Der Schlüssel heißt hier Gleichberechtigung. Solange beide die Rolle des Gebers und des Empfängers spielen, erneuert sich der Tanz beständig.

Aber wenn stets nur der eine gibt und der andere empfängt, verringert sich die Energie und der Tanz wird zum Tanz der Statuen. Starre Verhaltensmuster in einer Beziehung erzeugen nicht die energetische Erneuerung, die in einer Partnerschaft gebraucht wird.

Wenn zwischen zwei Personen Gleichberechtigung herrscht, besteht in der Partnerschaft ein Gleichgewicht zwischen Geben und Nehmen. Keiner der beiden hat das Gefühl, daß er oder sie mehr gibt oder mehr bekommt. Obwohl wir verstehen, daß diese Gleichberechtigung für unsere Beziehung wichtig ist, wissen wir nicht immer, woher sie kommt.

Um einander gleichberechtigt zu sein, müssen beide in gleichem Maße bereit sein, die Verantwortung dafür zu übernehmen, sich selbst zu lieben. Wenn wir dazu weniger oder mehr bereit sind als unser Partner, werden wir über die Beziehung hinauswachsen, oder unser Partner wird es tun. Beziehungen gedeihen nur dann, wenn am Anfang Gleichberechtigung herrscht und beide gemeinsam in ihrer Verantwortung wachsen.

Im Gegensatz zu einer weitverbreiteten Meinung besteht eine Beziehung nicht, um „einen Menschen ganz auszufüllen", so daß er nicht länger die Verantwortung dafür übernehmen muß, sich selbst zu lieben. Vielmehr besteht eine Beziehung deshalb, um ihm in all den Momenten den Spiegel vorzuhalten, in denen er sich bedürftig fühlt und auf die andere Person blickt, um ihn auszufüllen. Wenn er sich dessen bewußt wird, daß er sich enttäuscht oder betrogen fühlt, weil der andere seine Bedürfnisse nicht erfüllt, und wenn er dann lernen kann, sich in solchen Augenblicken selbst zu lieben und um sich zu kümmern, kann er die Beziehung nutzen, um zu erwachen.

Natürlich wird ihm das nicht immer gelingen, genauso wenig wie seinem Partner. Es wird immer Zeiten geben, in denen er erwartet, daß ihn seine Partnerin glücklich macht, und sie erwartet, daß er ihre Bedürfnisse nach Liebe erfüllt. Und in solchen Momenten wird es Ärger, verletzte Gefühle, Enttäuschung und Verrat geben, die alle nach Vergebung verlangen, sobald die beiden Menschen dahin zurückkehren, für sich selbst zu sorgen, Verantwortung für sich selbst zu übernehmen und ein gesundes Beziehungsmuster zu leben. Wir dürfen die außerordentliche Bedeutung unablässigen Vergebens innerhalb einer Beziehung nicht unterschätzen. Ohne Vergebung wird Ärger zu Groll und Verletzung zu Überempfindlichkeit gegenüber den Worten und Taten des anderen. Dann werden Angriffslinien in den Sand gezogen und bei zahlreichen Gelegenheiten gegenseitigen Übergriffs und Betrugs unbewußt übertreten. So werden alte Wunden aus der Kindheit wieder aufgerissen, und das Vertrauen ist ernsthaft gefährdet, wenn nicht gar völlig zerstört.

Ohne Vergebung gibt es aus der abwärts führenden Spirale gegenseitiger Projektion und Schuldzuweisung keinen Ausweg. Ohne Vergebung werden Fehler in Stein gemeißelt. Niemand lindert oder vergißt den Schmerz der Vergangenheit. Jeder Fehler wird einem schweren Anker gleich in die Zukunft geschleppt. Wenn du dir ein Bild von der Hölle machen willst, dann ist dies kein schlechtes.

Aber Vergebung führt uns immer wieder aus der Hölle in den Himmel. Sie führt uns von Ärger und Schuldzuweisung zu Verständnis und Verantwortung. Vergebung tilgt die Schuld. Sie wäscht die Weste rein, so daß wir wieder von vorne anfangen können.

Jedes Paar muß seine Beziehung zahllose Male von vorne beginnen. Sie müssen die Fehler, die sie gemacht haben, annehmen und anfangen, daraus zu lernen.

Paare, die sich eine Beziehung ohne Fehler wünschen, setzen sich unerreichbare Maßstäbe. Sie werden niemals äußere Vollkommenheit erreichen, weder als Einzelperson noch als Partner. Es wird immer Streit, Trennung, Ängste und Ärger geben. Eine gute Beziehung ist nicht etwa eine Beziehung, in der keine Fehler gemacht werden, sondern eine, in der Fehler das Tor zum Lernen, zur Weiterentwicklung, Anpassung und Versöhnung öffnen.

Wir müssen unsere Fortschritte nicht allein auf der Grundlage beurteilen, wie oft wir uns betrogen haben, sondern auch auf der Grundlage dessen, wie oft wir es wiedergutgemacht haben. Wenn wir darauf bestehen, unsere Fehler zu zählen, müssen wir die Augenblicke der Vergebung mit einrechnen. Eine Beziehung ist nicht nur eine Einladung zu Bewertung und Verzweiflung, sondern auch eine Einladung zu Toleranz und Erleuchtung.

Jede Beziehung verlangt von uns, uns selbst ohne Vorbehalte zu lieben und zu akzeptieren. Sie scheint von uns ebenfalls zu verlangen, daß wir den anderen bedingungslos lieben und akzeptieren. Aber das ist nur eine Maske, nur der äußere Anschein. Das Gesicht hinter der Maske ist nicht das des Partners, sondern unser eigenes.

Wenn wir lernen, uns selbst zu versorgen, ist es nicht schwer, unseren Partner zu versorgen. Wenn wir lernen, uns selbst zu lieben und zu pflegen, ist es kein schwieriges Unterfangen, unseren Partner zu schätzen und zu unterstützen. Die Liebe, die wir uns selbst zu geben lernen, wird automatisch all denen angeboten, die unser Energiefeld betreten. Aber wenn wir versuchen, anderen die Liebe zu geben, die wir uns nicht zuvor selbst gegeben haben, dann handelt es sich um ein zweifelhaftes Geschenk.

Wenn wir eine Beziehung eingehen, befreit uns das nicht von dem fortwährenden Lernprozeß, uns selbst jederzeit zu lieben und anzunehmen. Im Gegenteil. Wir besuchen den gleichen Kurs, aber mit einem anspruchsvolleren Lehrplan. Jetzt sind wir nicht allein dafür verantwortlich, uns selbst zu lieben, wenn wir uns traurig oder gleichgültig fühlen, sondern auch dafür, uns selbst zu lieben, wenn wir uns energielos und deprimiert fühlen und es unserem Partner ebenso geht. Wenn wir den Stoff der Unterstufe nicht beherrschen, können wir nicht erwarten, in der Oberstufe gut abzuschneiden.

Das heißt nicht, daß wir für die Aussicht, Glück in unseren Beziehungen zu finden, erleuchtet sein müssen. Es bedeutet, daß wir den romantischen Mythos aufgeben müssen, daß es irgendwie „leichter" oder „schöner" sei in einer Partnerschaft zu leben, anstatt alleine zu sein. Das stimmt nicht! Oder falls es leichter ist, ist es gleichzeitig auch schwerer. Und wenn es schöner ist, dann ist es zugleich auch quälender.

Wenn wir die romantische Illusion aufgeben, können wir das „schwerer" zusammen mit dem „leichter" ertragen, den Schmerz mit der Freude, die

Dunkelheit und das Licht. Beziehungen sind Gefäße des Lernens. Sie intensivieren unsere Reise in jeder Form. Sie machen sie pikanter, herzzerreißender und berauschender.

Aber die Lektion einer Beziehung ist dieselbe Lektion, die wir auf unserem einsamen Weg lernen. Es ist die Lektion, uns selbst zu vergeben, wenn wir Fehler machen, uns zu lieben, wenn wir uns nicht liebenswert fühlen, und uns selbst Energie und Aufmerksamkeit zu schenken, wenn wir uns körperlich oder emotional ausgelaugt fühlen. Es geht nicht darum, jemand anderen zu finden, der das für uns tut. Es geht auch nicht darum, das für unseren Partner zu tun, wenn er oder sie sich bedürftig fühlt. Es geht darum, es für uns selbst zu tun, wenn wir bedürftig sind. Und es für uns selbst zu tun, wenn unser Partner bedürftig ist.

Und wenn wir es für uns selbst getan haben, bleibt uns etwas, das wir unserem Partner anbieten können. Wenn wir gelernt haben, mit unserem eigenen Schatten zu tanzen, können wir mit unserem Partner oder mit seinem Schatten tanzen, ohne dabei zu stolpern.

Welchen Tanz wir auch immer tanzen, egal wie kompliziert die Beinarbeit ist, wir können sicher sein, daß unsere grundsätzliche Verantwortung niemals von uns auf den anderen überwechselt. Wenn der andere uns zum Tanz bittet, wird der Tanz mit dem Selbst schneller. Wenn der andere ankommt, vertieft sich die Verantwortung für das Selbst.

Das Selbst und der andere

Es herrscht sehr viel Verwirrung darüber, was das Selbst und was der andere ist. Das Wort „anderer“ ist an sich schon verwirrend. Was ist ein anderer? Ist ein anderer kein Selbst? Vielleicht nicht unser Selbst, aber ist es nicht das Selbst von jemandem? Und wie unterscheidet sich das Selbst eines anderen von unserem eigenen Selbst?

In Wahrheit gibt es keinen Unterschied. Jedes Selbst ist das gleiche.

Die Persönlichkeit unterscheidet sich, aber das Selbst, der Kern des Seins, ist derselbe. Als Selbst sind wir vollkommen gleichberechtigt. Als Persönlichkeit sind wir weder gleichberechtigt, noch sind wir gleich.

Wenn ich dich als anderen betrachte, wende ich mich an die Unterschiede, die Ungleichheiten, die ich zwischen uns wahrnehme. Wenn ich dich als Selbst betrachte, wende ich mich an die Gemeinsamkeiten, die ich zwischen uns beiden wahrnehme.

Als Selbst bist du mir ebenbürtig und die Sprache, in der ich dich anspreche, ist die Sprache der Liebe, des Respekts, der Annahme und Dankbarkeit. Durch diese Sprache gewinne ich deine Zuneigung und du wirst mir wahrscheinlich auf ähnliche Art und Weise antworten.

Als anderer bist du besser oder schlechter als ich. Du bist schlanker oder dicker, reicher oder ärmer, mehr oder weniger intelligent. Als anderer bist du mir nicht ebenbürtig. Und die Sprache, mit der ich zu dir spreche, ist durchsetzt von Kritik, sei diese positiv oder negativ. Diese Sprache kann dir schmeicheln oder dich kritisieren. Du kannst sie mögen oder nicht mögen. Aber ich gewinne deine Zuneigung dadurch nicht, und du wirst mir wahrscheinlich ebenfalls kritisch antworten.

Jede Verständigung beginnt mit einer Absicht. Und die Absicht zeigt sich in der Anrede. Wenn ich dich als Selbst anspreche, suche ich nach Gleichberechtigung und Gemeinschaft. Wenn ich dich als anderen anspreche, nehme ich eine Art der Ungleichheit und Trennung wahr.

Was ist meine Absicht? Wie spreche ich dich an: als Selbst oder als anderen? Als gleichberechtigt oder als nicht gleichberechtigt? Als Freund oder als Feind?

Es kommt nicht so sehr darauf an, was ich sage, als vielmehr darauf, wie ich es sage. Wie hört sich meine Stimme an? Ist sie schroff und wertend oder sanft und akzeptierend? Welchen Bewußtseinsstand habe ich? Bin ich ruhig oder aufgeregt? Welche Energie und Absicht liegen hinter meinen Worten? Wenn ich das weiß, weiß ich alles, was ich wissen muß. Ich weiß, ob ich segne oder angreife. Und du weißt es auch.

Du merkst es, ob ich dich als anderen und nicht als Selbst anspreche. Und du weißt, daß wir in diesem Augenblick wenig Aussicht auf eine befriedigende Unterhaltung haben. Deshalb entfernst du dich so schnell wie möglich. Du weichst der Energie aus und machst einen Spaziergang. Oder, wenn es nicht anders geht, lasse mich wissen, daß du die Art, wie unsere Unterhaltung abläuft, nicht in Ordnung findest und daß du es vorziehst, sie zu einem anderen Zeitpunkt fortzuführen, wenn wir uns stärker miteinander verbunden fühlen.

Du verlangst als Selbst angesprochen zu werden und nicht als anderer. Und das erreichst du, indem du mich als Selbst ansprichst. Das gelingt dir, indem du freundlich zu mir bist, auch dann, wenn ich unfreundlich zu dir bin. Du bist klar und bestimmt, aber sanft und liebevoll. Du weißt, daß es in mir ein Selbst gibt, und dieses Selbst rufst du an. Du sprichst mich nicht als anderen an, nur weil ich dich so anspreche.

Wenn du mich als Selbst ansprichst, bleibst du in dir selbst. Du bleibst in deiner Wahrheit und in deiner Stärke. Du bleibst, wer du bist. Wenn du mich als anderen ansprichst, verlierst du dich selbst. Du verlierst deine Substanz, deine Stärke, deine Achtsamkeit.

So, wie du mich ansprichst, wirst du. Sprich mich als anderen an, so wirst du zum anderen. Du betrügst dich selbst. Sprich mich als Selbst an, so wirst du zum Selbst. Du ehrst das, was du wirklich bist.

Du kannst niemals der sein, der du wirklich bist, wenn du mich schlecht behandelst. Wenn du mich schlecht behandelst, verlierst du dich selbst. Du investierst in das falsche Selbst, das Ego, die Illusion. Du gibst vor, ein anderer zu sein. Ich kann dir antworten, indem ich etwas vorgebe, eine Maske aufsetze oder ich kann so bleiben, wie ich bin. Ich antworte dir mit Verständnis und Liebe. Ich bin sanft und freundlich zu dir, auch wenn du nicht nett zu mir bist. Indem ich der bin, der ich wirklich bin, nehme ich Verbindung mit demjenigen auf, der du wirklich bist, und ich fordere uns beide auf, unsere aus Furcht entstandenen Masken fallen zu lassen.

Behandle ich dich als Selbst oder als anderen? Diese Frage muß ich mir in jedem Augenblick stellen, den wir zusammen verbringen. Die Antwort auf diese Frage sagt mir auch, wer ich bin. Sie sagt mir, ob ich mich in meinem wahren Selbst oder meinem falschen Selbst befinde.

Wenn ich dich als anderen betrachte, werde ich selbst ein anderer. Ich werde innerlich gespalten. Meine Integrität ist gefährdet. Wenn ich dich als Selbst betrachte, heile ich meine innere Spaltung und gewinne meine Integrität zurück. Wie ich dich sehe und wie ich mich selbst sehe ist auf kompliziertes Art miteinander verbunden.

Gibt es so etwas wie ein Selbst *und* einen anderen? Nein, es gibt nur ein Selbst *oder* nur einen anderen. Die beiden existieren nicht nebeneinander. Wenn das Selbst gegenwärtig ist, gibt es keine anderen. Wenn andere gegenwärtig sind, gibt es kein Selbst.

Die Entscheidung ist leicht und absolut. Es ist eine Entscheidung, die in jedem Moment, den wir zusammen verbringen, getroffen wird.

Glückseligkeit ist *Selbst*verständlich

Wenn das Selbst gegenwärtig ist, gibt es nichts, was nicht Selbst ist. Das Selbst ist unteilbar. Es ist vom Wesen her ganz und zusammenhängend.

Nur wenn wir unser Selbst zurücklassen, erfahren wir Abspaltung, Teilung, Konkurrenz, Verwirrtheit. Aber „das Selbst zurückzulassen" ist eine Illusion. Wenn du in deinem Selbst bist, wie kannst du es da zurücklassen? Das kannst du natürlich nicht. Du kannst nur vorgeben, zu gehen. Und dieser Anschein ist die Erfahrung des „Anderen".

Wenn wir nicht auf diese Art experimentieren würden, vorgeben würden, die Quelle zu verlassen, wie könnten wir dann wissen, wer und was wir sind? Nur indem wir vorgeben, etwas anderes als unser Selbst zu sein, kann das Selbst erfahren, was es ist.

Das Andere ist dann eine Erfindung des Bewußtseins.

In Wirklichkeit gibt es kein Anderes. Es gibt nur das Selbst.

In Wirklichkeit gibt es keine Abspaltung, nur Einheit.

In Wirklichkeit gibt es keinen Schmerz, nur Glückseligkeit. Aber die Glückseligkeit zu kennen, heißt auch, den Schmerz zu kennen. Einheit zu kennen, heißt auch, Abspaltung zu kennen. Das Selbst zu kennen, heißt auch, das Andere zu kennen. Darum geht es bei der Reise des Bewußtseins.

Aber wenn die Reise beendet ist, gehst du nach Hause. Wenn du weißt, daß das Andere nur ein verkleidetes Selbst ist, kannst du das Andere nicht mehr sehen. Wenn du das Andere nicht mehr siehst, hörst du auf, dich selbst zu verlieren. Du hörst auf, dein Zuhause zu verlassen.

Du erwachst. Du weißt, wer du bist. Äußere Begebenheiten und Umstände ändern sich vielleicht nicht, aber deine Beziehung dazu verändert sich grundlegend. Nun gibt es nichts in deiner Erfahrung, das nicht ein Teil von dir wäre. Jeder, der kommt und geht, ist ein Selbst. Alles, was passiert, ist ein Spiel des Selbst.

Der Augenblick der Glückseligkeit

Im Augenblick der Glückseligkeit gibt es keine Fehler, kein Nörgeln, keine Selbstgerechtigkeit. Im Augenblick der Glückseligkeit kannst du alles so, wie es ist, annehmen. Menschen sind so, wie sie sind, liebenswert. Es ist nicht nötig, jemanden oder etwas zu ändern. Es gibt keine Kritik. Es existiert kein Gefühl des Mangels. Probleme werden nicht als solche wahrgenommen.

Glückseligkeit ist jetzt und in jedem Augenblick möglich. Aber sie kann nicht erfahren werden, wenn du bei einem anderen Menschen oder dir selbst nach Fehlern suchst. Glückseligkeit kann nicht erfahren werden, wenn du das Gefühl hast, daß etwas falsch ist, verbessert, verändert oder verwandelt werden muß. Glückseligkeit entsteht nur dann, wenn deine Einschätzung vom Selbst und dem Anderen sich auflöst. Sie entsteht nur dann, wenn du zu deiner

Essenz gelangst, die mit allem, was das Leben bereithält, im Einklang ist und es anerkennt.

Das einzige Hindernis, das einem Leben in Glückseligkeit im Wege steht, befindet sich in deinem Kopf. Wie du denkst, wie du Dinge wahrnimmst, entscheidet darüber, ob du glücklich oder traurig, erfüllt oder unzufrieden bist. Glückseligkeit, Glück und Frieden hängen nicht von Dingen der äußeren Welt ab. Sie hängen nur vom Inhalt deines Bewußtseins zur jeweiligen Zeit ab. Wenn du aufhören kannst, Mangel zu sehen, wenn du aufhören kannst, Fehler zu suchen, wenn du aufhören kannst, etwas ändern zu wollen, dann kannst du dich mit der glückseligen Lebensenergie verbinden, die durch dich hindurchströmt.

Wenn du glaubst, ungerecht behandelt worden zu sein, fühlst du dich nicht glückselig. Wenn du an altem Groll festhältst, fühlst du dich nicht energiegeladen und ganz. Selbst wenn du glaubst, daß du ungerecht behandelt wurdest, könntest du auf eine Art und Weise darüber nachdenken, die dazu führt, daß du mit dir selbst zufrieden bist. Und wenn du mit dir zufrieden bist, halte nicht am Groll fest.

Aber sei dir darüber im Klaren: Mit dir selbst zufrieden zu sein, ist ein Ganztagsjob. Keinen Groll zu hegen, keinen Mangel zu sehen, nicht zu versuchen, jemand anderen oder dich selbst zu ändern – das ist eine fortwährende Herausforderung. Es bedarf deiner gesamten Zeit und Aufmerksamkeit. Sobald deine Aufmerksamkeit nachläßt und du dazu übergehst, dich selbst zu bemitleiden, ist der Augenblick nicht mehr glückselig.

Darum haben uns alle großen spirituellen Lehrer dazu aufgefordert, „aufzuwachen“ und „aufmerksam zu sein“. Sie haben uns aufgefordert, unsere Gedanken und Gefühle, die dabei entstehen, zu betrachten, um zu sehen, wie sie sich auf unsere Erfahrungen auswirken. Sie haben uns aufgefordert, uns auf unsere eigene kreative Erfahrung einzustellen, die von Natur aus subjektiv ist.

In unseren Köpfen und Herzen erschaffen wir die Welt. Mit unseren Gedanken und Gefühlen bestimmen wir unsere Erfahrungen. Wenn wir positiv über das Leben denken, liegt das daran, daß wir bestimmte Gedanken und Gefühle haben. Wenn wir negativ eingestellt sind, liegt es daran, daß wir andere Gedanken und Gefühle haben. Daran ist nichts esoterisch. Es geschieht ganz automatisch.

Aber da wir uns nicht immer dessen bewußt sind, was wir denken und fühlen, vergessen wir manchmal, daß wir unsere Erfahrungen selbst erzeugen. Und dann glauben wir, daß uns etwas von außen widerfährt. Und wir versuchen, die äußeren Begebenheiten und Umstände in dem Glauben zu ändern, daß sie die Quelle unserer Traurigkeit seien. Aber das ist natürlich Unsinn. Die Ursache unseres Glücks liegt in den Gedanken, die wir denken, und den Gefühlen, die wir empfinden. Und, ehrlich gesagt, wissen wir nicht, was sie sind.

Der erste Schritt im spirituellen Training ist ganz einfach „Erkenntnis". Stelle dich auf deine Gedanken und Gefühle ein. Beobachte sie, bemerke sie. Lerne den Inhalt deines Bewußtseins kennen: deine Ängste, Vermutungen, Überzeugungen und emotionalen Reaktionen. Es ist der erste Schritt, unsere Aufmerksamkeit von der Welt weg auf unsere eigene subjektive Erfahrung zu lenken.

Das bedeutet nicht, daß unsere Aufmerksamkeit nie wieder zurückkehrt und wir zu einem Spinner werden, der in einer Höhle im Himalaja meditiert. Unsere Aufmerksamkeit kann sich wieder nach außen wenden, wenn wir unsere subjektive Erfahrung in vollem Umfang wahrgenommen haben. Wenn wir erst einmal wissen, wie wir in unserem Herzen und unserem Kopf Glück oder Leid erschaffen können, können wir auch in der Welt von Nutzen sein. Wir können anderen dabei helfen zu erkennen, wo bedeutungsvoller Wandel seinen Ursprung hat. Aber das können wir nicht, solange wir unser Leben nach den Gedanken und Gefühlen anderer ausrichten. Wir können anderen nicht helfen, solange wir nicht gelernt haben, uns selbst zu helfen.

Der erste Schritt ist Erkenntnis. Und das ist auch der letzte Schritt. Dazwischen kann es andere Schritte geben oder auch nicht. Vielleicht werden spontane Maßnahmen ergriffen. Oder man nimmt von Handlungen Abstand, die zu Leiden und Verstrickung führen würden. Aber wir kehren immer wieder zur Erkenntnis zurück, denn das ist der Ort, wo wir Glückseligkeit finden.

Die einfache Erkenntnis dessen, was wir in jedem Augenblick denken oder fühlen. Das ist alles. Keine Bewertung dessen, was wir denken oder fühlen. Kein Versuch, es zu ändern. Ganz einfach die Wahrnehmung unserer Gedanken und Gefühle, die wie Wellen am Strand aufsteigen und zurückweichen. Der Beobachter betrachtet sich selbst. Er nimmt sich so, wie er ist, an. Das Herz ist offen und die Augen sind wach. Tief einatmen und tief ausatmen. Der Augenblick der Glückseligkeit. Er ist immer da.

Mögest du ihn finden, wenn du ihn brauchst. Denke einfach daran, daß alles in Ordnung ist, so wie es ist. Jeder Gedanke, den du hast, wurde dir bereits vergeben. Atme einfach weiter. Segne dich einfach weiter. Bringe weiterhin Liebe und Verständnis mit. Der Rest geschieht von allein.

♦ *Vier* ♦

Das Lied der Engel vom Erwachen

Die Wiege des Regenbogens

Wenn wir in diesem Augenblick Freude empfinden können, wie können wir diese Erfahrung dann hinauszögern? Wie können wir das Gefühl der Glückseligkeit hinausschieben, das in unserer Reichweite liegt? Was ist wichtiger? Gibt es eine höhere Priorität?

Wenn wir Freude empfinden, erhellt sich unser ganzes Leben. Wenn wir Freude empfinden, breitet sich unser Licht auf jeden Menschen in unserer Umgebung aus. Menschen, die sich im Dunkel von Werturteilen und Kritik verbergen, erblicken in unserer Gegenwart das Licht, das in ihnen selbst leuchtet.

Freude ist Gottes Werk. Sie ist ein aktiver Bestandteil der Liebe, die alles umschließt.

Wenn du Gottes Werk tun möchtest, suche das Licht, das sich in deinem Kopf und in deinem Herzen befindet. Spüre die Hitze, die sich mitten in deinem Herz sammelt, wenn du atmest und diese Erfahrung segnest. Spüre das Feuer in deinem Herzen, das aus deiner Dankbarkeit und deiner Anerkennung des Lebens, so wie es ist, entsteht. Spüre die Wärme und die Liebe, die von deinem Herzen ausströmen, wenn du die Menschen in deinem Leben so akzeptierst, wie sie sind.

All das läßt sich hier und jetzt nachprüfen.

Du bist das Licht der Welt, aber du weißt es nicht. Du weißt es nicht, weil du noch nicht tief genug in dein Herz geblickt hast.

Nimm dir einen Augenblick Zeit, um hineinzuschauen. Nimm dir einen Augenblick Zeit, um festzustellen, wer du wirklich bist.

Richte dich nicht länger nach der Welt. Richte dich nach dem Licht, das in deinem Herzen tanzt. Dann werden deine Augen funkeln, wo andere die Hoffnung verlieren.

Wenn sich dann der Himmel im Osten verdüstert, wirst du nach Westen zeigen, wo das Licht durch die dunklen Wolken flutet. Und wenn sich die Leute dann umdrehen, werden sie etwas Neues und Aufregendes am östlichen Horizont erblicken: eine mehrfarbige Lichtsäule, die sich durch die blauschwarzen Wolken zum Bogen erhebt. Plötzlich und leuchtend.

Denn wenn du das Licht in deinem Inneren sehen kannst, kommt das Licht in die Welt. Wenn du in diesem Augenblick Freude empfindest, erhält die Wärme in deinem Herzen Flügel. Es gibt niemanden, der von deiner Liebe, deiner Fürsorge und Aufmerksamkeit nicht berührt wird.

Zuhause sitzen, atmen, die ganze Welt mit Licht

überfluten. Leuchtendes Purpur und Violett und Rot durchdringen die schwarzen Wolken, Lichtbündel, die von einem Ende des Himmels zum anderen reichen. Ein Regenbogen. Ein einfaches Lied der Freude aus dem Herzen eines Menschen zu dem eines anderen.

Nimm dir jetzt die Zeit.

Der Regenbogen wird morgen nicht mehr hier sein. Auch in fünfzehn Minuten nicht mehr. Die Schönheit dieser Welt wird unbemerkt vergehen, wenn sie nicht in diesem Augenblick erfaßt wird. Nichts ist wichtiger, als jetzt deine Augen und dein Herz zu öffnen.

Lasse uns einen tiefen Atemzug nehmen und beginnen. Die Wiege ist von Licht überflutet und jemand singt. Wir können es jetzt hören. Hörst du es auch?

Still, mein Kind, weine nicht.
Wach auf, mein Kind, die Zeit ist da.
Zeit ist's aufzuwachen
und den Regenbogenpferdchen zuzusehen,
die durch den Regen traben:
Das Grün der Blätter
wird zu Orange und Gelb.

Der Herbst ist gekommen
mit Wind und mit Regen
und wir lassen sie los,
unsere Traurigkeit.
Lassen los, Kleines,
wie die Blätter an den Bäumen
und die Farben des Regenbogens
im Fenster.

Wach auf, Kleines.
Es ist Zeit aufzustehen
und all die hübschen Pferdchen zu sehen.

Sie waren schon einmal hier,
doch da schliefst du noch.
Nun schlaf nicht mehr.
Ein Regenbogen
klopft an die Tür
und ein Reigen aus Blättern
tanzt vor dem Fenster.

Schlaf nicht mehr.
Ein Engel klopft
an deine Tür,
bringt einen Regenbogenvogel
und eine singende Schlange zu dir,
sie wollen dich wecken.
Und die Sonne geht unter
im Westen der Stadt,
so bleibt nicht viel Zeit
zum Erwachen, Kleines.
So wach auf, wach auf,
wach auf.

Schule der Engel

Zu erwachen bedeutet, dem was ist, mehr Aufmerksamkeit zu schenken. Es bedeutet, emotional anwesend und geistig wach zu werden. Es bedeutet nicht, sich im Kopf zu verlieren – nicht, wegzutreten oder besessen zu sein; auch nicht, sich im Herzen zu verlieren – nicht, überzureagieren oder abgestumpft zu sein. Es bedeutet, gesammelt, in sich verwurzelt und im Gleichgewicht zu sein, und dennoch beweglich, wie ein Baum, der sich im Wind wiegt.

Es bedeutet, die Höhen und Tiefen des Lebens mit Gelassenheit und Würde zu überstehen. Die neuen Blätter und den singenden Lebenssaft zu feiern, die Explosion der Farben, wie sie zur Reife gelangen und sich dem Reißen und Ziehen des Windes im ganzen oder zerknickt hingeben. Alles im Leben hat seine Zeit. Der Kopf und das Herz bilden dabei keine Ausnahmen.

Wir können die Jahreszeiten nicht daran hindern zu vergehen. Wir können uns selbst nicht daran hindern, älter zu werden und schließlich unserem Tod von Angesicht zu Angesicht gegenüber zu stehen, in einem letzten Akt der Hingabe. Bei allem Respekt für Dylan Thomas, laßt uns nicht „gegen das Sterben des Lichtes wüten", sondern sanftmütig gehen, wie ein Blatt, das im Wind davonwirbelt, dem Boden vertrauend, der es von der Wurzel bis zum Zweig und bis zum Flug genährt hat. Indem wir uns im Boden des Seins verankert haben, kann unser ganzes Blühen, und sei es noch so ungestüm und prächtig, ohne Mißtrauen oder Argwohn zum Boden zurückkehren. Wenn wir jetzt bei Gott sind, warum sollten wir das nicht in unserem letzten Atemzug sein? Wenn wir unserem Leben vertrauen, warum sollten wir dann nicht auch unserem Tod vertrauen?

Nur, wenn wir uns dem Leben nicht stellen, kann uns der Tod schrecken. Es ist Zeit für uns alle, uns dem Leben zu stellen. Damit zu beginnen, die phantastische Schönheit dessen zu sehen, was uns umgibt. Das Vertrauen in uns selbst und in andere aufzubauen, wodurch unsere Gabe in ihrer ganzen Pracht in Erscheinung tritt. Und das uns befähigt, sie ganz und gar hinzugeben, nicht nur dem zu vertrauen, was uns gegeben wurde, sondern auch dem, was wir gegeben haben. Sie loszulassen, damit sie ihr Werk tun kann, in dem Wissen, daß sie nicht vollkommen ist, aber daß sie das Beste war, was wir geben konnten. Und in dem Wissen, daß das genug ist. Daß es immer reichen wird.

Gott erwartet nicht von uns, daß wir vollkommen sind. Sie verlangt nicht, daß wir frei von Fehlern sind. Sie verlangt nur, daß wir lernen, die Liebe zu empfangen, die uns zusteht, und einen Weg zu finden, sie an andere weiterzugeben. Gott möchte, daß wir etwas bekommen, damit wir etwas geben können, und daß wir geben, um noch intensiver empfangen zu können. Sie möchte, daß wir diesen Kreis vollständig durchlaufen. Sie möchte, daß wir unsere Herzmuskeln ständig trainieren.

Manche Dinge brauchen Zeit. Lernen zu geben und zu nehmen, kann dauern. Aber es kann auch ganz spontan geschehen. Ganz egal, wieviel Zeit dafür nötig ist, der Augenblick des Durchbruchs ist der gleiche. Dort, wo kein Vertrauen herrschte, entsteht es nun. Aus dem Zittern des Blattes am Ende des Zweiges entsteht der Tanz vom Loslassen. Der Tanz vom Vertrauen in uns selbst und in andere.

Es ist keineswegs falsch, Zeit zu brauchen. Es ist nichts Falsches daran, sich vorzubereiten. Aber wenn wir die ganze Zeit damit verbringen, uns vorzubereiten, lernen wir nicht, zu vertrauen. Wir lernen nicht, daß wir Risiken erfolgreich eingehen können, daß wir in gutem Glauben handeln können, ohne das Ergebnis zu kennen.

In jedem aufrichtigen Akt des Gebens oder Nehmens liegt Vertrauen. Und Risiko. Da ist dieses Gefühl, daß man noch nicht soweit ist und niemals soweit sein wird. Aber dieses Gefühl muß uns nicht zurückhalten. Wir können zittern und wanken, bevor wir die Hand ausstrecken, um die Gabe zu geben oder zu empfangen. Aber am Ende müssen wir es tun. Wir müssen vertrauen, selbst wenn wir Angst haben, selbst wenn wir glauben, zu versagen. Wir müssen es tun, denn aus diesem Grund sind wir alle hier.

Genau wie der Baum hier ist, um Blätter zu bekommen und sie wieder hinzugeben, sind wir hier, um unsere Gabe anzunehmen und sie der Welt bedingungslos darzubieten. Das ist der Grund unseres Hierseins. So einfach ist das.

Und so einfach müssen wir es auch lassen.

Egal, wie lange wir brauchen. Bereiten wir uns so lange wie nötig vor. Aber denken wir auch daran, daß jetzt der Moment für Geben und Nehmen ist. Wenn wir es jetzt, in diesem Augenblick, nicht tun, wird es vielleicht niemals geschehen.

Manchmal kommt ein bedeutendes Wesen des Weges. Ein göttlicher Bote. Und er sagt: „Es ist in Ordnung. Du kannst das." Er hilft uns, unsere Furcht zu überwinden. Und egal, wie es ausgeht, er sagt: „Toll. Genau das haben wir gebraucht. Damit können wir arbeiten."

Wenn es einen solchen Engel in unserem Leben gibt, sind wir wirklich dankbar. Manchmal aber warten wir auf einen solchen Boten, doch er kommt nie. Wir wünschen uns jemanden, der uns sagt, daß alles gut wird, daß unsere Gabe, so wie sie ist, angenommen wird. Doch in der Stille und dem Unbehagen des Wartens lernen wir, uns diese Wahrheit selbst zu sagen. Und wenn das passiert, haben wir ein noch viel größeres Geschenk erhalten.

Wenn du einen Schutzengel hast, gratuliere! Und wenn du keinen hast, solltest du wissen, daß du doppelt gesegnet bist. Denn was dir nicht gegeben wurde, mußt du selbst werden.

Es ist besser, du verdienst dir deine Flügel selbst, als von denen eines anderen abhängig zu sein.

Es ist eine einsame Reise, wenn du lernst, dir selbst die Liebe zu schenken, die du von anderen bekommen möchtest. Aber wenn du erst einmal weißt, wie es gemacht wird, kann dir diese Liebe nie wieder genommen werden. Es ist ein Geschenk, daß ununterbrochen gegeben und empfangen wird.

Das ist Gottes größtes Geschenk an dich. Willst du es nicht annehmen?

Du dachtest wohl, du würdest eine Schule besuchen, in der du lernen würdest, wen du lieben sollst und wann. Aber für die Klasse, in die du eingeteilt wurdest, galt ein anderer Lehrplan. Du kamst in die Klasse für Engel. Mit dem Lehrplan für Fortgeschrittene. Durch den du das einzige Geschenk erhalten hast, das dir nicht genommen werden kann. Das Geschenk ewigen Lebens und ewiger Liebe.

Wenn du erst einmal gelernt hast, dich selbst in all deiner Widerspenstigkeit und Komplexität zu lieben, mit all deinen Widersprüchen, deiner Zwiespältigkeit, deinen Selbsttäuschungen; wenn du gelernt hast, die dunkle Seite zu lieben, die versteckte Mondseite deines Bewußtseins – den Ärger, die Selbstkritik, die Gefühle der Machtlosigkeit – dann hast du den schwierigsten Teil des Lehrplans gemeistert. Der Rest des Unterrichts ist einfach. Du übst nur noch das, was du schon kannst. Du gibst die Gabe an andere weiter. Liebst sie, wenn sie dich angreifen. Sagst ihnen, „Du schaffst es", wenn sie vor Furcht und mangelndem Selbstvertrauen zittern. Erinnerst sie daran, daß, was immer auch geschieht, annehmbar ist. Daß man damit umgehen kann.

Mit anderen Worten, du beginnst mit deiner Ausbildung zum Engel. Gleich hier auf der Erde, in diesem Körper. Ist das nicht aufregend? Wenn Menschen jetzt nach dem Eingreifen einer himmlischen Macht verlangen, erscheinst DU in ihrem Leben. Nicht etwa Jimmy Stewart wie in „Mein himmlischer Freund", sondern du. Der Engel in Ausbildung.

Erinnerst du dich? Du bist das Licht der Welt.

Und jetzt weißt du es.

Herzlichen Glückwunsch.

Du hast dir deine Flügel verdient!

Stimmen zu Paul Ferrinis Büchern

„Diese Worte verkörpern Toleranz, Allgemeingültigkeit, Liebe und Mitgefühl, die Kennzeichen aller großen Lehren. Sie lenken unsere Aufmerksamkeit auf unsere göttliche Natur, anstatt sie nach außen zu richten. Paul Ferrini ist ein moderner Khalil Gibran - Dichter, Mystiker, Visionär, Verkünder der Wahrheit."
Larry Dossey M.D., Autor von *Wahre Gesundheit finden*

„Gekonnt und mutig führt uns Paul Ferrini über Scham, Schuldzuweisung und liebgewordene alte Verletzungen hinaus in die Tiefen des Selbst, wo wir uns vergeben können. Sein Werk ist ein Muß für alle, die bereit sind, die Verantwortung für ihr eigenes Heil zu übernehmen."
John Bradshaw, u.a. Autor von *Familiengeheimnisse*

„Eine frische Brise in einem oft muffigen und vollgestopften Bereich. Mit liebevollen, klaren und einfachen Worten werden wir zur Wahrheit in uns geführt. Ich lese dieses Buch, wann immer mein Herz danach verlangt, und das geschieht oft."
Pat Rodegast, Autorin von *Emanuels Buch*

„Paul Ferrinis Schriften sind authentisch, erfreulich und weise. Sie stellen die Verbindung des Lesers zu dem Geist im Inneren wieder her. Jenem Ort, an dem selbst unsere tiefsten Wunden wieder geheilt werden können."
Joan Borysenko Ph.D., u.a. Autorin von *Ein Wunder täglich*

„Ich spüre, daß sein Werk aus einer andauernden Freundschaft mit dem tiefsten Teil des Selbst entspringt. Ich vertraue seiner Weisheit."
Coleman Barks, Dichter und Übersetzer

„Paul Ferrinis wundervolle Bücher zeigen einen Weg, auf dem wir leichtherzig und voll Freude auf dem Planeten Erde wandeln können."
Gerald Jampolsky, M.D. Autor von *Lieben heißt, die Angst verlieren*

„Paul Ferrini führt uns auf eine behutsame Reise zur wahren Quelle von Freude und Glück: (sie liegt) in uns selbst."
Ken Keyes Jr., Autor von *Das Handbuch zum Glücklichsein*

Informationen über Workshops, Retreats und Gruppen von Gleichgesinnten sind erhältlich bei:
The Miracles Community Network. P.O. Box 181, South Deerfield, MA 01373. Tel. USA 413-665-0555.

Im Herbst 1999 erscheint ein weiteres Werk von Paul Ferrini im Schirner Verlag. Freuen Sie sich darauf!

Mark Fisher/ Marc Allen

Das Arbeitsbuch zu „Der alte Mann und das Geheimnis der Rose“

Lernen Sie den Erfolg zu denken

192 Seiten, Paperback

DM 19,80/ öS 145,–/ sFr 19,–

ISBN 3-930944-39-1

Für jeden, der sich schon einmal Gedanken darüber gemacht hat, wie ein Millionär eigentlich denkt oder wie er selbst einer werden könnte, wird „Denken wie ein Millionär“ den Weg weisen in eine lebendige Lebensweise, die sein Leben und Denken von Grund auf ändert.

Dies Buch fordert Sie auf, Ihre größten Träume und Ziele zu ergründen und ihnen Flügel zu verleihen, denn es ist deren Kraft, die uns wahren, dauerhaften Erfolg erlangen und Erfüllung finden läßt. Dies ist ein Buch zum Lesen und Wiederlesen, aber auch eines, mit dem es sich arbeiten läßt – und wenn Sie das tun, stellen Sie sich auf einige wahrhaft wundervolle Ergebnisse ein!

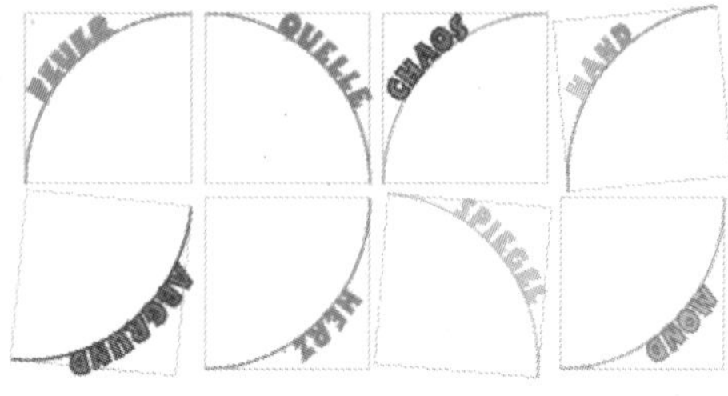

Dietmar Specken
Kleine Schritte zur Freude
Ein Spiel zur Achtsamkeit und Selbsterkenntnis
25 Karten & Anleitungsheft
80 x 80 mm
DM/sFr 24,80/ öS 186,–
ISBN 3-930944-49-9

Dieses Spiel wurde entwickelt, um den/die Spieler auf dem Weg zu Selbstfindung und Achtsamkeit zu begleiten. Archetypische Bilder und Symbole, die den Worten auf den einzelnen Karten zugrunde liegen, sind geeignet, den/die Spieler an Erlebnisse, Erfahrungen und verborgenes Wissen zu erinnern. Die liegende Acht ist das immer wiederkehrende Symbol dieses Spiels, mit ihrer Hilfe kann die Achtsamkeit des/der Spieler/s so gelenkt werden, daß er/sie Antworten zu einem Thema findet, das ihm/ihnen am Herzen liegt.

Susanne Haag
NLP-Welten
Das praktische Handbuch für die kleineren und größeren Herausforderungen des Alltags
96 Seiten, Hardcover
zahlr. sw-Abb.
DM 29,80/ öS 218,–/ sFr 27,50
ISBN 3-930944-30-8

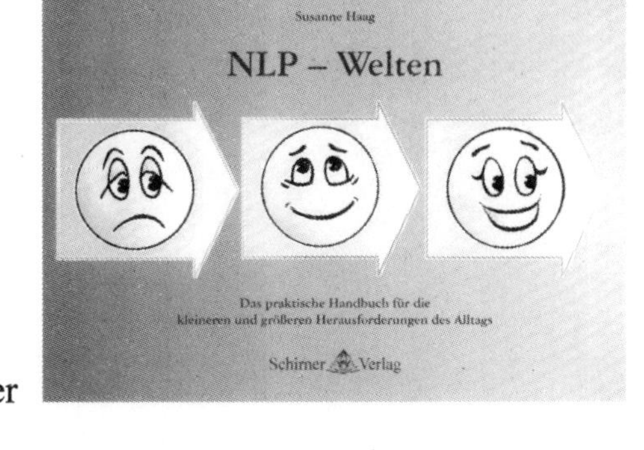

NLP ist die Kunst und Wissenschaft vom Verstehen und Verändern des persönlichen Erlebens. Mit seinen wirksamen Methoden ist es möglich, sowohl bewußte als auch unbewußte Vorgänge bei sich selbst schnell und nachhaltig zu wandeln. In einer leicht verständlichen Sprache erklärt die Autorin, warum wir die Dinge in uns so erleben, wie wir es tun. Eine große Auswahl praktischer Übungen versetzt auch Einsteiger bereits nach kurzer Zeit in die Lage, diese Erfahrungswelt bewußt umzugestalten. Das Buch bietet damit wirksame Problemlösungen zur Entfaltung der eigenen Fähigkeiten in klaren, leicht nachzuvollziehenden Schritten.

Klaus Holitzka
Mandalas der Kraft
Ein Malblock für Heilung und Wohlbefinden
30 Motive & 2 Schablonen für eigene Mandalas
DIN A4 quer
DM 19,80/ öS 145,–/ sFr 19,–
ISBN 3-930944-31-6

Jedem von uns wohnt eine ursprüngliche Kraft inne, die wir ganz einfach wieder entdecken können, indem wir uns auf sie konzentrieren. Neben bereits fertigen Vorlagen finden Sie in diesem Malbuch eine Reihe von Grundstrukturen, aus denen sich eigene neue Mandalas entwickeln lassen.

Klaus Holitzka
Kraft schöpfen aus Mandalas
Eine praktische Führung zur inneren Wirkkraft von Mandalas
DIN A5, Broschur
DM/sFr 9,80/ öS 72,–
ISBN 3-930944-36-7

In diesem Brevier über die geheimnisvollen Kräfte von Mandalas weist Klaus Holitzka neue Wege zur Selbsterkenntnis. Neben Anleitungen zum Gestalten und Malen von eigenen kraftvollen Mandalas werden hier erstmals unterschiedliche Techniken und Möglichkeiten vorgestellt, die den Leser auf leichte und spielerische Weise zu neuen Erkenntnissen über sich selbst führen. Lassen Sie sich überraschen mit wieviel Freude Sie tiefe Einsichten gewinnen, während Sie sich mit Ihren Mandalas beschäftigen!